# EVERYTHING I KNOW

# 一人公司
## 起步的思维

[加] 保罗·贾维斯（Paul Jarvis）/著

刘奕吟/译

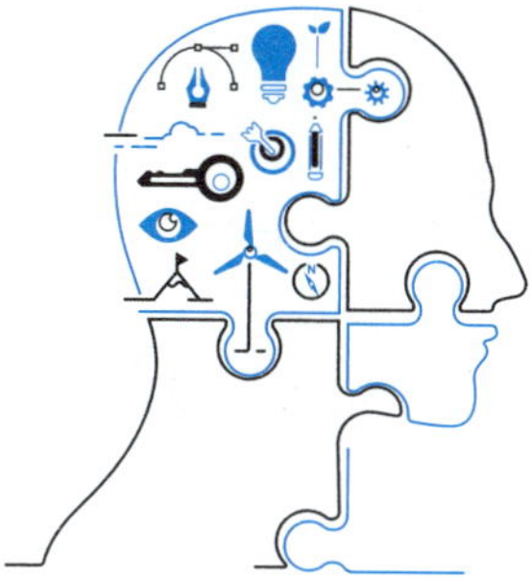

Wuhan University Press
武汉大学出版社

图书在版编目(CIP)数据

一人公司起步的思维/(加)保罗·贾维斯(Paul Jarvis)著;刘奕吟译.—武汉:武汉大学出版社,2021.3(2025.6 重印)
ISBN 978-7-307-22150-5

Ⅰ.一… Ⅱ.①保… ②刘… Ⅲ.网络公司—企业管理—经验—加拿大 Ⅳ.F279.712.444

中国版本图书馆 CIP 数据核字(2021)第 038966 号



责任编辑:龙凤鸣　　责任校对:代君明　　版式设计:智凝设计

---

出版发行:**武汉大学出版社**　(430072　武昌　珞珈山)
(电子邮箱:cbs22@whu.edu.cn 网址:www.wdp.com.cn)
印刷:武汉中科兴业印务有限公司
开本:889×1194　1/32　印张:8.75　字数:125 千字
版次:2021 年 3 月第 1 版　　2025 年 6 月第 4 次印刷
ISBN 978-7-307-22150-5　　定价:58.00 元

---

推荐序

# Introduction

## 用自己的作品展示我是谁

贾斯汀·马斯克（Justine Musk）



我必须跟大家坦白一件事。虽然我很高兴能写这篇推荐序，但我却迟交了。我可以随便找些借口，如因为吸入火人祭（Burning Man）的垃圾，导致链球菌性咽喉炎恶化——这是严重的病，或者用健忘的艺术家来辩解（上帝知道我以前这么做过），但事实就是我太不专业了。再加上因为这份推荐序是要交给保罗·贾维斯的，他是经验丰富的职业老手，所以我更加觉得自己不专业。保罗的速度实在很快，他甚至在你发电子邮件给他之前，就回信给你了。

在我无意间发现保罗时，他已经知道自己是谁（在网络上），也知道自己在做什么（在网络上）。以一种更诗意的说法就是，他已经找到他自己的故事了。这对我来说是好事，因为我还没有做到。我已经在 LiveJournal 上“写博客”好几年了，后来我把博客搬到 WordPress.com——还以为它是 WordPress.org——我根本不了解它们之间的区别。在我毁掉一个或四个模板之后，我非常清楚，我名副其实地成为玛莉·傅莱所说的“网站耻辱”的案例。我需要一名医生，马上。

保罗的故事就像所有最好的故事一样，融入了他的产品。他通过他的作品营销自己，他的作品为他述说他的故事。当我对不同网站的设计进行几个月的调查后，我回到在视觉上引起我共鸣的第一个博客——它是丹妮尔·拉波特（Danielle Laporte）的博客。我在仔细研究后，发现该网站制作者的名字，就是保罗·贾维斯。我怀着想成为摇滚明星的心情（但其实是一名缺乏音乐天赋的作家）

去找保罗，告诉他我希望我的博客可以像一张专辑的封面一样。然后，我发现保罗也是乐团成员，我知道他就是我要找的人。最后，我的博客页面上放了一张黑白照片，上面有上身裸露摆着姿势的我（不过很高雅），和一条名字叫安杰洛（Angelo）的黄色球蟒。

当我的新网站推出时，发生了一件有趣的事。由于网页设计让我对于我是谁（在网络上）、我代表什么——我的“品牌”——有了更强烈的视觉感受，这也渐渐地影响了我的写作。我变得越来越大胆。我开始把主题从我一直在谈论的话题上移开……引导到我真正想谈的话题上。于是，我的网站流量增加了，我也变得更有名了。

虽然网站设计是保罗在做的事，但这不是他真正的工作。他做的是创造性与自我探索的工作；他做的是寻找你的声音的工作。他知道我们想要从事了不起的工作，而当中的故事需要我们通过自己的努力去讲出来，不只关乎我们是谁，也关乎我们的客户、消费者或读者想要成为什么样的人，以及我们能以哪种最适当的方式去帮助他们成为那样的人。保罗没有试图告诉我们这件事，他只是提出问题，然后提供建议、工具和见解，鼓励我们去开启我们的故事，让它畅通无阻。

这就是为什么这本书并没有自称是成功的蓝图的原因。就跟你模仿别人的网站，而无法表达出你独特的价值一样，如果你模仿别人的营销、战术以及策略，你就无法打造出与众不同的品牌，也无法发挥自己的优势与价值。我们心目中都有自己的英雄、榜样，以及仰慕的人，但正如保罗所说，我们必须将他们视为让我们更深入地了解自己的起点。与其试图变得更像他们，我们更应该留意那些我们无法到达的地方——接着投入那些地方，从那里开始发展。我们要把借来的蓝图抛在脑后，然后依靠我们内在的力量与更深层的智慧。这就是我们成为原创的方式。这说起来容易，但做起来难。

我经常震惊于，人们轻而易举就接受“做自己”的建议，却没有考虑到这是一项棘手且复杂的任务。我们的文化训练要我们避免脆弱，以至于我们为了保护自己脆弱的灵魂，会编造出一个完整的“虚假自我”，但想要成功地做自己，便需要依靠这个脆弱。为了做自己，你必须打破这个人格面具，展现你的本质。你需要拥有技能（且充分掌握你的技能），以便在你的工作中表现出真实的自我。当“你是谁”与“你是谁的形象化”（你的“个人品牌”）之间的差距尽可能缩到最小时，你就会显得真实。我们会认为你很可靠，因此更有可能跟你建立关系，或跟你做生意。

这就是为什么最好的故事不会伪装与包装我们的不足，而是会激发我们成为更受欢迎、更真实的自己——更好的可能性。你可以借由将客户塑造成故事中的英雄，来赋予他们自主权，而不是将其赋予你自己或者你想销售给他们的产品或服务的力量（产品或服务应该能够解决他们所面临的问题）。你应该把自己塑造成导师。你的角色是为英雄提供建议、工具、礼物和见解，以帮助他们追求自我实现。

保罗就是这么做的。这就是他。他就像任何一位优秀的导师一样，他是过来人，他把得到的一些经验拿来供我们参考。

所以，祝福读者在讲述自己的故事时一切顺利，我很高兴这本书、这篇推荐序是其中的一部分。

愿你能真正地做自己。愿你有意识地做自己。愿你的故事是辉煌的篇章。你的声音是真实的，你的事业是超赞的。保罗·贾维斯会告诉你不要退而求其次。

这是一个好建议，我觉得你可以接受。

推荐人简介：贾斯汀·马斯克（Justine Musk），原名詹妮弗·贾斯汀·威尔逊（Jennifer Justine Wilson），加拿大作家。著有奇幻小说《嗜血天使》（*Blood Angel*）、《不速之客》（*Uninvited*）。

她与企业家埃隆·马斯克（Elon Musk）的婚姻始于 2000 年，结束于 2008 年。

# Contents

# 目录

## 序曲

1. 如何激发自己的潜力 / 2
2. 创造属于自己的冒险 / 6
3. 你打算怎样经营你的公司 / 10
4. 为他人工作，还是为自己工作？ / 13
5. 多通过亲身经验学习 / 16



## 第一部

选择属于你的路 / 19

1. 模仿他人，还是冒险创新？ / 20
2. 避免外界对我们产生不好的影响 / 24
3. 好的产品能激励人们掏钱买它 / 27
4. 我为什么要重视写作 / 31

5. 做一个“与众不同”的公司 / 34
6. 别人的经验不一定有用 / 37
7. 真实的喜悦或成就感 / 40
8. 为什么要跟别人不一样 / 43
9. 吸引人的原因 / 46
10. 领导者的魅力来自哪里？ / 49
11. 真实地表现自己与来自客户的信任 / 52
12. 要好好学习经营企业的技能 / 57
13. 一年赚一百万美元 / 61
14. 金钱对于公司的重要性不言而喻 / 65
15. 以精简的财务起步 / 68
16. 我们总是被“更多的”金钱所吸引 / 71
17. 我们是否需要一个目标？ / 75
18. 有时候我们需要停下手头的工作 / 79
19. 选择，是一条起跑线 / 83

第二部

克服冒险旅途上的障碍

/ 87

1. 学会重视过程，淡化目的 / 88
2. 合理分配自己有限的时间 / 92
3. 想办法为自己的事业创造空间 / 95
4. 做事情，从小处入手 / 98
5. 好好利用副业做实验 / 101
6. 一次在咖啡店玩拼图的经历 / 104
7. 避免被别人的评价伤害 / 107
8. 写下自己的恐惧清单，克服它们 / 111
9. 我不介意分享自己的想法 / 114
10. 你敢与自己很尊敬的人交流吗？ / 117
11. 恐惧用我们赋予它的力量阻碍我们 / 120
12. 其实很少有人会注意我们的小错误 / 123
13. 如何知道该怎么做？ / 127

14. 工作中需要冒的风险不少 / 130
15. 克服自己的错失恐惧症，节约时间 / 133
16. 当我们推动事情的时候，不用追求完美 / 136
17. 练习，让我们越来越出色 / 139
18. 创造并展示自己的工作成果 /142
19. 忠于自己内心真实的想法 / 144
20. 敢于诚实地面对自己的过往 / 148
21. 提升自己信心的方法 / 151
22. 如何擅长做一件事？ / 154
23. 将工作拆解成小任务 / 157
24. 接受他人建设性的批评与反馈 / 160
25. 展示真实的自己，是现在就应该做的事情 / 163
26. 敢于冒险是一种了不起的勇气 / 166
27. 可以减轻压力的思考方式 / 171
28. 坚定地测试自己的想法 / 175
29. 不要忽视长期摸索的作用 / 178
30. 为什么相对于星巴克，我更喜欢蓝瓶咖啡？ / 181
31. 别人实验失败的事情，还有必要做吗？ / 186
32. 我如何验证一个想法？ / 188
33. 用自己的专业知识解决别人的问题 / 191

第三部

艺术、技能及热情 / 193

1. 每位企业家都是艺术家 / 194
2. 什么是有意义的工作？/ 196
3. 有没有人用金钱来认可你工作的价值？/ 200
4. 你的工作就是你的故事 / 204
5. 找到与你的事业息息相关的人 / 207
6. 要凝聚人心，就要打起自己的旗帜 / 211
7. 按步骤完成拟订的计划 / 217
8. 知道什么时候该一刀两断 / 221
9. 珍惜宝贵的时间和精力 / 224
10. 在专家与默默无闻之间如何抉择？/ 227
11. 能够阻碍我们的只有自己 / 230
12. 专注于做事，其次才是宣传 / 232
13. 最初的想法来自哪里？/ 235
14. 模仿别人，不如讲出自己的故事 / 238
15. 享受创造、发明和探索的美妙 / 241
16. 尽可能地去创造 / 245
17. 我们没必要和别人比较 / 248
18. 忠于自己内心的方向 / 251

后记 /255

谢辞 /261

# 序曲

## EVERYTHING I KNOW

如果我只要听到“我想要一个像某人的网站一样的东西”就能得到五分钱的话，那么我的钱几乎多到可以买一艘游艇。

# 01

# 如何激发自己的潜力

我很害怕自己会被创意警察逮捕。

他们会收到内部情报，说我应该立刻以诈欺罪被起诉。他们会破门而入，又踢又叫（更像是无法控制的啜泣），把我从我的床上拽下来。

我将会在同业的法庭上受到审判，或者至少会受到推特（Twitter）[1] 关注者组成的陪审团审判。他们会煞费苦心地告诉我，我一无所知；我不应该再给别人建议，我创造的一切完全是垃圾。法庭上会有圆饼图为证与专家证人。我请来的昂贵律师，将会在审判的大部分时间里用手捂着脸，无法提出任何异议。对我不利的证据将

1. 2023 年 7 月推特更名为 X。

会非常明显，因此法官会开始扮演愤怒鸟。

我会被判决要穿着西装、打着领带，待在一间米色办公室里，而里面有一台再正常不过的饮水机。我会被判四到五个连续的无期徒刑，没有假释机会，也没有接受探视的权利。我将再也见不到我的妻子与宠物鼠。

我已经在自己的脑海中，把这个场景播放过很多次。

但事实上，我每天早上醒来都没有收到逮捕令。我自由自在地生活，并且创造新事物。我可以自由地跟世界分享创意，也可以不计后果地去做我的工作。这就是我在做的事。

**我写这本书的目的是向你解释，你现在的内在潜力，也就是去做一些独特的、创新的事情的潜力。**我之所以知道，是因为我有相同的潜力，而有时候我也会难以释放这个潜力。在你开始尝试并突破极限之前，你不会知道自己的潜力有多大。

我创造我一直非常害怕分享的事物，但我实际上在不断地分享它们。无论我做什么，我都会继续走我自己的路，因为我知道，这是我对我创造的事物真正感到快乐的唯一途径。即使创意警察一直注视着（可能就在街道对面那辆没有标志的货车上），我还是会尝试新事物，并且不断地鞭策自己，因为我很热衷去看看我能带着我的工作走到多远的地方，我能带着新的想法试验多少次，这就是我在自己所做的事情当中找到最大价值的方式。虽然我不喜欢我内心的紧张感，但我真的很想知道我能走多远。



这本书是我给你的挑战，希望你能勇于承担属于你的风险，并且挑战你的极限。勇气并不是指无所畏惧，它来自害怕与勇往直前。我想让你看看你能走多远。我想向你提出挑战，去大闹一场吧！

近二十年来，我用自己独特的方式（没有犯罪记录）创立我自己的事业。假如这个方式行不通（天晓得），我们甚至会共享一间牢房。但至少我们已经冒过险，也已经尝试创造出一些伟大且有意义的事物。

## 思考笔记

我近期想做的独特而有创新的事情是什么？

为特想做的事拟一个小小的计划。

# 02

# 创造属于自己的冒险

早在我为自己工作、被创意警察突袭之前，我就很爱阅读《多重结局冒险故事》（*Choose Your Own Adventure*）这个系列的小说。

如果你不熟悉这个系列的图书（由 Bantam Books 于 20 世纪八九十年代出版）也没关系。简单来说，作者会带你（读者）进入故事，然后让你决定故事情节的走向。故事中，你是负责做决策的英雄，因为你会不断地面临各种选择。

假设你要去救公主（很不幸的是，这些书带有性别歧视），然后你遇到一条看守道路的龙。如果你想战斗，就请你翻到第十三页；如果你想要转个方向逃走，就请你翻到第十八页。

你会在每一天不断地做出选择、不断前进，也不断创造属于自己的冒险。

每一个选择都会带你进入不同的页面，最终也会抵达一个独一无二的结局，你不是成功（拯救公主）就是失败（被龙吃掉）。

我之所以喜爱这些书，是因为我必须主导行动，而且我总能看到我选择的结果。在我真正进入故事、阅读它、做出决定之前，故事的情节都还未成定局。结局从来就不是确定的，但为了知道结局，我必须不断地做出选择。

两个人可以读同一本书，却有着完全不同的经历和结局。你也可能会陷入故事情节的循环里，让自己处于无法破解的循环中，直到你做出不同的选择为止。

一直以来，我都将自己的工作当成一本《多重结局冒险故事》的书。如果我仔细观察我的生活方式，就会发现我的工作与图书中的选择的相似之处显而易见：

我选择属于我自己的路。

我忠于自己和自己的价值观。

我试验各种选择。

我可能会害怕，但我不会让恐惧阻止我尝试新事物。

我只有不断地做出选择并勇往直前，克服我的恐惧以及挑战我的极限，才能过上有意义的生活。



我们所有人在前进的道路上——无论它们是我们正在开辟的道路，还是别人走过的老路，都会面临挑战（或龙）。如果你害怕尝试新事物，或者害怕向世界展示你的工作成果，这也没什么大不了，因为我也是。但是，我会在每一天不断地做出选择、不断前进，也不断创造属于自己的冒险。我希望这本书能够激发你也去做同样的事。

## 思考笔记

回忆一下自己的日常选择，写下自己的价值倾向。

生活中讨厌做的那些事！

# 03

# 你打算怎样经营你的公司

我并非一直都自己雇用自己工作。在我职业生涯的一开始，我是多伦多一家广告公司的网页设计师，做那份工作只不过想了解“工作”是怎么运作的。我不喜欢我的老板和那份工作，但我很感激能借此学习到，我不想用什么样的方式来经营我自己的公司。

当我在那家公司工作时，我非常努力——以至于我辞职后的隔天，我不是忙着搞清楚如何写履历，而是接二连三地接听以前的公司客户打来的电话。他们一直在询问我接下来要去哪里工作，这样他们就可以跟我一起合作。

在第三个或第四个客户打来电话之后，我便意识到我不必把他们带到新公司；我可以自己为他们工作，并且以对我来说有意义的方式去做。从那一刻起我就知道，如果我要当自己的老板，我就要去做，我想成为一个好老板。

除了成为自己心目中的好老板，我必须清楚自己想做什么，以及我想以什么方式做我想做的事。现在，我已经花了将近二十年的时间为自己工作，也开创出了自己喜欢的一份工作。

我从不相信规则或公式。我宁愿直接尝试，然后从自己的经验中学习。有时候我会失败，也会因此亏钱或失去客户，但有时候我没有失败。无论失败与否，我都能学到一些有价值的东西。

## 思考笔记

我心目中的理想工作是什么？

我想以什么样的方式工作？

想和哪些人一起工作？

# 04 为他人工作，还是为自己工作？

我们当中有些人的工作是，只要遵守规则就能取得成功。我们可以慢慢地让工作进展下去，为不同的、更厉害的老板工作。但是，我们仍受到别人的想法，也就是别人经营公司的理念的支配，而且公司可能也受到投资者、股东，以及董事会设置的需要严格执行的规则的约束——其他人对成功的看法就更不必提了。

用相同的心态来对待你自己的工作，是轻而易举的事。也许你会认为，如果你能在你的行业中开发出一款产品，类似于别人已经开发出来的优秀产品，那么你就能从同一块大饼当中分到一片。不过，这块大饼的切片数量可是有限的，而且可能不合你的口味。有时候，烤一块新的饼会更好。你可以按照自己的喜好准确地调味，甚至可以使用杀手级的新配方。

为自己工作的神奇之处在于，你不必遵从领导者。你可以开辟自己的道路，建立自己的规则。你可以表达自己独特的声音，你可以让工作与你的价值观保持一致，并且创造一份让你觉得充实与兴奋的工作。毕竟，这就是大多数人为自己创业的首要原因。

## 思考笔记

我想跟随别人工作，还是设法开创自己的工作？

那些工作中的约束感。

## 05

# 多通过亲身经验学习

我只能通过我学到的东西和我看到其他人为了实现他们的目标所做的事来说明“多通过亲身经验来学习”。不过，仅以这些经验来指引你的工作是不够的。

当然，这本书里有很多的经验，但是我必须特别强调，你必须自己去尝试，然后开辟自己的道路。事实上，做些跟我分享的一切正好相反的事情，反而会是你的生活与工作中最有意义的事。

我们不会知道选择的结果，除非这些结果成为现在或过去。没有人可以肯定地告诉你，遵循哪些特定的步骤就能带领你走向成功。如果有人声称拥有一个放诸四海皆准的解决方案，那么请你朝着另一个方向边尖叫边奔跑吧。

这本书并不是要提供清楚直接的建议，虽然这个世界充满了“经证实有效的技巧与诀窍”。每个人都是老师、权威、专家，或者拥有在线课程供你学习。这些专家可能（大多数）有良好的意图，但他们错了——不是因为他们提供的讯息不正确，而是因为他们在讲他们自己的故事，分享对他们来说有用的内容与原因。我现在也正在做同样的事情。

但是，我们这些提供建议的人都不知道，对你来说可能性会是什么。当然，我们可以提供真知灼见，但仅此而已。我最好的建议是什么？管他什么建议，倾听自己内心的声音吧。相信你的旅程，并且尽可能多地通过亲身经验学习。

实现目标的方法不只一种，而且除非你回顾这段经历，否则你可能真的不会知道你就在正确的道路上。

## 思考笔记

总结一下自己比较喜爱的学习方法。

写下自己未来的可能性。

# 第一部

# 选择属于你的路

EVERYTHING I KNOW

我必须创造一个系统，否则就会被另一个人的系统所奴役；我不做推理与比较：我要做的事情就是创造。

——威廉·布莱克（William Blake）

# 01

# 模仿他人，还是冒险创新？

如果我只要听到“我想要一个像某人的网站一样的东西”就能得到五分钱的话，那么我的钱几乎多到可以买一艘游艇。



我也看过无数网站，效仿同业中的佼佼者，使用相同的版面设计、相同的风格、相同的行动号召，并且提供类似的产品。这些不是直接的复制品，也不是明目张胆地剽窃，但是它们相似到无法给它们的老板带来任何好处。这些设计作品没有什么独特之处，因此很容易被人彻底遗忘。



虽然向知名的领导者与前辈学习有明显的好处，但是如果你的工作或作品跟别人的完全一样，那么你就无法在市场上做出差异化。

我们试图效法他人的成功，因为这似乎是能在事业上取胜的最简单、最短的途径。如果他们以特定方式做得很好，那我们不就能做相同的事吗？如果赚到大笔财富的地图已经绘制好，那我们跟着走不就好了吗？但问题只有一个：第一个抵达的人已经夺得了那些宝藏。你需要偏离道路、偏离地图，才能找到属于自己的幸运符。

这个世界会奖励那些尝试新事物、提出新经营方式的人。最成功的创新者会获得最丰厚的回报，而那些只是复制原创模型的人，最多只能获得一部分原创的回报。

我不会说这样就足够了——你不必按照他人的模式来复制你的工作，也不必模仿事情典型的运作方式。而且毫无疑问的，你不必效仿大型企业的运作方式。如果你能从本书学到一件事情，那么我希望这件事是：你所选择的是属于你自己的冒险。

如果有一种可以让任何人、所有人变得超级成功的单一商业模式，那么私人飞机、游艇和高档香槟将会供不应求。你会在所有角落都看到金钱的斗争。

所以，假如模仿他人并不能保证你获得成功，那你为什么不以你自己的方式做事呢？你的方式会跟你的价值观和对你来说重要的事情相符合。假如你尝试的方法无效，你可以随时进行战略转向（pivot）[1]，或做出一些改变。除非现在你提供的产品或服务跟他人的产品或服务有所差异，否则你将会跟他们处于同一个市场，互相进行竞争。以自己的方式做事，会是双赢局面，对吧？

这就是你选择属于自己的冒险的方式。





1. pivot 原意为转轴，这里是指公司根据产品或服务与市场互动的实际状况，找出新的方向，并重新调整策略。——译注

## 思考笔记

我该如何看待他人成功的经验？

想想自己最喜欢的做事方式。

# 02

# 避免外界<br>对我们产生不好的影响

学校教会我们，以我们获得的成绩来衡量自己的价值。这些价值是由善意的外部来源（老师）指派给我们的，如果我们在班上排名第一，我们身为学生的价值就会更高。



在我们的生活中，老板甚至客户都试图凭借我们卖出多少，或提高多少利润来衡量我们的价值。我们的价值也根据我们获得多少薪水来衡量，这又是另一个由外部来源所决定的价值。

我从不相信这个过时的系统。

我宁愿以内在方式确认自己的价值，而我知道能做到这点的唯一方法，就是根据我最重视的东西来过我的生活。这些内在的价值观对每个人而言都不一样，它们也肯定会随着我们生活的演变与成长而产生变化。

如果我们从内在出发，衡量自己的价值，那么外在力量就无法对我们产生影响。它可以完全超脱于我们在自由市场上赚多少钱，或我们的工作可以赚多少钱。对我而言，收入在我所重视的事情当中远远排在后位，因此金钱不能决定我的价值。如果金钱能决定我的价值，那么我就得做更多的工作，好让自己赚更多的钱，也因此觉得自己更有价值。

如果我专注于做那些与我的价值观相符的工作，我会觉得我的工作很有意义。如果我写的一本书只有两个人买，但我的书对他们有非常大的帮助，那么我仍然会觉得这个工作很值得。

选择自己的路，主要就是要弄清楚，哪些价值观会决定你对自己价值的看法。一旦清楚这一点，就更容易确定，你正在做的工作是增加你的价值感，还是减少你的价值感。

## 思考笔记

我该如何看待外界对自己的价值衡量?

实现自己的想法、获取金钱报酬、获得他人的认可，

在自己心中是如何排序的?

# 03

# 好的产品<br>能激励人们掏钱买它

拥有一个博客不是什么事业，追随自己的内心也不是事业。这两件事都很好，对建立品牌与寻找自己的声音也都很重要。但是，即使你的品牌与内心的声音都是必要且很棒的东西，它们也不会直接为你赚到钱。你内心的声音与你的博客不是一种商业模式，它们也不是从事实际、有形、有价值的工作的替代品。

人们经常会认为一个新的网站设计可以解决他们的销售问题，所以跑来找我。我通常会拒绝这些项目，甚至可以这么说，我对为猪化妆不感兴趣——除非一项产品或服务已经很有价值，否则装扮它不会有任何的成效。如果你专注于更好的宣传，而不是更好的工作成果，那么不会有任何改变。

工作代表的是提供有价值的产品或服务——而这项工作必须激励人们掏钱来买它。受到热情驱使的一人创业家逐渐兴起，这是好事，但是除非其他人也有足够的热情打开他们的钱包，否则仅凭热情是无法赚钱的。

当然，你所做的事应该跟你的热情与价值观保持一致。但是，如果你想赚钱，它也必须对其他人有所帮助，而且为了赚钱，你必须非常善于做到这一点。



如果人们不为你的工作买单，这就不是通过更多的社群媒体宣传可以解决的问题——重点是要做更多努力来让这项工作变得更好，或者寻找对他人有价值的其他工作。社群媒体只能放大已经存在的东西。

你不能“依据你的价值收费”，因为你的价值应该来自内部。如果你拥有很多钱，那么身为人类的你并不会神奇地变得更有价值，就好比如果你破产了，你也不会比其他人更没有价值。价值与金钱永远不应该被绑在一起。

分享自己写的东西。但是写博客和社群媒体，不会让你的技能变得更好——做好你的本职工作才会让你变得更好。你当然可以利用你的平台来测试一些点子——我一直都在这么做。如果一条推文很受欢迎，我会把它写成一篇博客文章。如果那篇博客文章很受欢迎，我会把它变成一本书里的章节。这就是我的写作方式——在我把我的想法当成产品销售之前，先测试它们的价值。

宣传不能用来取代提升你的技能。大多数人也不会因为宣传而赚钱，他们是因为从事实际工作而赚到钱的。

## 思考笔记

我目前有没有拿得出手的产品或服务？

# 04

# 我为什么要重视写作

选择属于我的冒险之旅，代表要创造出可以帮助他人的设计，还要尽可能地常去挑战我的创作极限。有数以千计的网页设计师与网站公司，跟我做一样的事情。

我不在乎自己是否能脱颖而出，我从来没有在任何地方宣传过我提供的网页服务，没有名片，也没有打过推销电话，因为我的工作太忙了。

我也要确保，我能做到我所答应的事——准时且在预算金额内完成。没有例外。获得新客户或新机会还不够，你必须贯彻到底，执行这些工作。而且是每一次都必须这么做。

经营一人公司所需要做的事，就是借由完成特别出色的工作或作品，来不断地帮助人们。推特与脸书明天可能会关闭，但我并不担心。

在我看来，我在写作上花了很多时间，这是一种宣传的形式。然而我这么做并不是为了宣传我的书或网页服务，而只是因为我想帮助其他人，写作是我所知道能够充分实现这个目的的最佳方法。



因此，我的写作绝对是宣传，但这是附带效果，宣传并不是我写作的原因。我不认为我可以写出好的销售文案来拯救我的生活。但是，我确实想分享我所知道的事，而撰写信息型和意见型的文章与图书，是实现这个目标的最佳途径。

写作也能让我公开探索自己的想法。在我把一个想法写下来之前，我通常不会知道这个想法是否正确。当我跟他人分享我的想法时，他们若不是认同我，就是斜眼看着我。如果是后者，我会重新思考这个想法，重新思考那个人是否是我的目标受众，而有时候我会继续前进。

## 思考笔记

我目前掌握了哪些写作技能？

我如何看待，工作是为了帮助他人？

05

# 做一个“与众不同”的公司

我自己的公司一直不同于其他网页设计师与机构，因为我关注的是客户，而不是网页设计行业。这是根本的差异，因为我从事的行业只关注自己内心的想法。

我毫不关心最新的技术趋势讨论，或当前行话的使用。扁平化设计（flat）对拟真化设计（skeuomorphism）？Flash 对 HTML（显得我很过时）？这些用词只是很少考虑到终端受众的话题。我甚至不在乎其他设计师是否知道我是谁。

反观，我关注的是那些花钱请我做网页设计的客户。**我写的是他们想知道的东西，我用他们常用的语言来谈论**

**我提供的服务，并通过帮助他们成功来跟他们培养关系。**



在我开始从事网页设计时，这个行业充斥着行话与书呆子气息的参考资料，似乎没有人关心他们所服务的受众与客户。我认为这是个可怕的想法，因此我朝另一个方向发展。

我努力确保我所撰写或创作的所有内容，对于我所服务的受众（主要是富有创造力的企业家）而言是有意义的。要真正成为“专家”，我们必须以我们的受众能理解的方式去思考和说话，因为在多数情况下，受众不会是相同领域的专家。



当然，保有一些专业术语是好的，但是当行业专用的对话占据整个内容时，我们便不再服务于我们的受众。与我合作最成功的人，他们想交谈的对象是对他们感兴趣的消费者，而不是同领域的专业人士。

## 思考笔记

我心目中与众不同的公司是什么样子的?

我对专业术语的看法是怎样的?

# 06 别人的经验不一定有用

如果我听从“专家”的建议，那么我现在经营的可能是一家大型网页设计公司，公司里有员工、医疗保险计划、投资者、人力资源顾问，或许为了“鼓舞士气”，还有一些游泳池或手动足球桌。办公室的狗在网站上也会有一份它自己的简历——这不是一件坏事，但这不是我想要的。我喜欢休假——有时候，一年当中休好几个月；如果可以的话，我喜欢翘班去远足；如果外面的天气很晴朗，有时候我宁愿在森林里玩，也不愿坐在计算机前。当然，我会完成我的工作，但我是用自己的时间来完成。我宁愿做这些工作，也不愿管理别人。有些人是杰出的管理者，但我不是其中一个。

**应该去做一些能反映自己真实样貌的新事物，而不**

**是去听取“有效的建议”，以及模仿别人的成功经验。**

我没有听从专家的建议，而是保持好奇心。我会对每个人告诉我的每件事提出质疑。我会觉得，这样做对我自己更有利。

你应该尽可能地保持初学者的心态，保持你的好奇心。如果你以前从没见过或想过某件事，你会怎么做呢？初学者的心态是，承认你并非知道所有的事，因此你还有很多东西需要学习。这种态度可以让你去质疑那些即使已经存在很久的想法，以确保你的工作与你的价值观相符。它也能让你比那些愤世嫉俗或无聊的人更富有创新精神。想要解决所有问题的欲望，会提高你的创造力。这种欲望是好事。

只有你自己知道，什么是符合你的价值观的事物，什么是最适合你的生活的事物。对别人而言会成功的事，也许会让你彻底失败。所以，为什么不依照自己的方式来做事，走属于自己的路呢？尝试也许会导致失败，但你应该依据自己的条件与价值观去做。

## 思考笔记

我该如何利用自己的质疑精神？

如何培养自己的创新精神？

# 07

# 真实的喜悦或成就感

你该如何辨认出属于你的路，该如何知道你何时正走在这条路上呢？你不会知道的。不过，也并非完全如此。有时你需要等到很久以后，才能清楚地看到它。

当我在从事重要的工作时，我觉得自己正走在自己想走的路上——对我而言重要的事情，对其他人而言可能不重要。但是，当我在做一些有价值的事情且对此感到满意时，我可以非常肯定地说，我正走在最佳的道路上，选择属于我自己的冒险。

这场冒险肯定会以走错路（挑战失败或遇见龙）收场，但至少这是我的冒险，而我可以随时纠正它。

当我走在别人的路上时，那种感觉就好像是，我只是通过做那些对别人而不是对自己更有意义的工作，来试图让别人开心。有时候这没什么关系，因为我们都要支付开销，也需要维持生活，但从长期来看，我却看不到任何真实的喜悦或成就感。

我们都想做重要的工作。坚持你的价值观，跟着你真正的直觉走，去实践。

## 思考笔记

工作中我感到满意的时刻有哪些？

# 08

# 为什么要跟别人不一样

你很奇怪。我也是。因为我们本来就与众不同。奇怪，其实就是做真实、独一无二的自己。



我说“奇怪”是指独一无二或与众不同，因为没有人会完全跟其他人一样。因此，做真实的自己，即便我们并不奇怪，有时候也会让我们看起来很奇怪。当我们越是去尝试适应或融入环境，我们就会变得越不真实。因此，奇怪不是代表紫色头发或小丑般的鼻子，它代表的是做真实的自己。它可能甚至不会被注意到。

在学校或企业的工作中，我们被教导与众不同是不好的。为了成为社会上有生产力、有用的成员，我们必须适应社会，且变得更像世界上的其他人。永远保持专业，不要太引人注目。

不过，问题就在这里。其他人也是奇怪的，即使他们假装自己不奇怪。

在工作中，我们试图用专业程度（我讨厌这个词）来掩盖我们的奇怪。我们可以穿着西装或灰色裙子，然后使用最新的营销术语——“综效！”（synergy）—“病毒式！”（viral）—“转换！”（conversion）。注意不要说脏话，不要太兴奋或太热情，也绝对不要让自己的个性表现出来。

**如果，我们不让自己的奇怪显露出来，我们就不能让我们的工作或作品变得格外出众。**

## 思考笔记

为什么要敢于跟别人不一样？

目前，工作中有哪些需要假装的时刻？

# 09 吸引人的原因

好多瑜伽老师让人觉得他们可以互相取代，一点差异性也没有。他们都使用同样温柔的声音（男女都是），以及同样老调重弹的寓言故事（虽然有成千上万个传统瑜伽故事可供选择），说着同样的话。就好像是有一间工厂，专门生产一模一样的瑜伽老师机器人，而且他们都穿着一样的紧身裤。

**我之所以被凯琳（Caren）吸引，就是因为她跟别人不一样。**事实上，甚至早在她为了建立新网站而联系我之前，我就想跟她合作了。你没办法用另一位瑜伽老师来代替她。因为首先，她会在她所有的在线教学当中，跟她的狗薇罗一起做每一个姿势。真的，每一个姿势。

其次，她会公开谈论自己对抗抑郁症的事情。虽然该死的事实是，所有瑜伽老师都理应正向思考且表现完美（无论是身体上还是精神上），但凯琳却说出了她的真实故事。

她对抑郁症的坦率态度有可能会让人反感。至少，如果我们是她，我们会害怕别人反感我们。但是我敢肯定，她不会让任何人感到讨厌。事实上，她因为自己的诚实，真实地展现了她人性的一面。她之所以能在竞争激烈的行业中脱颖而出，**是因为她做真实、有缺陷的自己**。凯琳的“奇怪”（根据瑜伽老师的标准）使她成为一个普通人。而我们都喜欢普通人，因为在所有专业的背后，我们也都是普通人。

## 思考笔记

我依据什么选择合作伙伴或者某个品牌的产品?

写下自己目前的三个缺陷。

# 10

# 领导者的魅力来自哪里?

一开始，你可能会担心自己不会成功。一旦你获得一些成就，你可能会担心自己无法获得更多的成就；一旦你获得大量的成就，你可能会担心如果自己有任何改变或说错话，会让现有的广大受众失望。**在任何阶段，我们都会有害怕的事。**

有趣的是，我们经常想模仿别人的成功，而不是模仿或许他们是因为做自己才取得成功的事实。他们的独特性，让他们被认为是富有远见的人，或是散发领袖气质的人——仿佛只是巧妙的营销策略，让他们成为他们的样子（想想理查·布兰森[1]的例子）。

1. 理查德·布兰森（Richard Branson），维京集团创办人兼总裁。——译注但是当我们刚起步时，我们会觉得做真实的自己，可能会让别人反感。不知道为什么，如果把我前述的逻辑应用在我们身上，似乎不成立。

**人们之所以被领导者吸引，是因为这些领导者忠于真实的自己，也忠于他们的价值观。**他们的独特之处是有魅力的。

成为一个与备受瞩目的领导者完全相同的人，不能保证我们所有人都能成功。那么，为什么不完完全全像自己呢？让你的奇怪成为你工作中的与众不同之处。也许做自己会很讨人喜欢，也会很有吸引力。

所以，让我们一起变奇怪吧。

## 思考笔记

工作或生活中，目前害怕的事情是什么？

请写出自己最欣赏的三位领导者及其给你的印象。

# 11

# 真实地表现自己与来自客户的信任

我会说脏话，在家里，在会议上，以及在我的写作中。我并不是所有时间都会说脏话，甚至不是那么频繁，但足以让有些人难以置信地注意到。偶尔我也会因此被点名。

所以，为什么我要在商业场合与出版作品的内容中说脏话呢？这样不是会让我看起来很糟，很没创意，很爱挑衅，很不专业吗？

通常，我说脏话是为了提出一个强烈的观点或诉求，或是要提醒别人注意那些我认为重要的、令人不安的、令人兴奋的事情。讲粗话可以让人们倾听、注意，以及感受到情绪（包含正面的或负面的）。

如果我淡化自己或删改自己，我就不会对自己或他人诚实了。

不过，我不是单纯为了表达观点而说脏话。我说脏话，是因为我会说脏话。那就是我，一直都是。无论如何，我就是我的品牌，而我的品牌通常会鼓吹人们做自己。我一直都是一个小小麻烦制造者，我觉得这没什么大不了。**我制造麻烦不是为了让人不悦，而是为了让人们去质疑他们原本认为理所当然的事情。**

我也不相信专业精神或商业化，因为即使是善意的，这些东西也是虚假的。为了让自己看起来更好（甚至只是为了看起来得体），而假装表现出跟自己本性不同的个性，这会让我很不舒服。显然，你需要做出判断，譬如你应该避免在有儿童的场合突然说脏话，但你完全有能力做出这样的判断。

如果我们在任何情况下，在彼此面前都表现得像真正、真实、有缺陷的人一样呢？这听起来很棒。

不过，我从不在提起别人的时候骂脏话——无论是说他们坏话，或是让他们看起来很糟。对我来说，那样做很让人讨厌，也很没礼貌。虽然我不重视专业精神，但我当然会尊重他人——尤其是在网络上，因为在网络上一点小事就很容易让人口无遮拦，或对他人产生负面看法。

曾经有人问我，我是否会在跟汽车公司的高阶主管开会时骂脏话。这是个随口一问的场景，但非常凑巧，在我早期的职业生涯中，我实际遇到过几次这样的情况。我告诉他，我的讲话方式跟往常一样，当中可能夹杂着几句咒骂的话——而两次我都得到了工作。

在任何情况下，无论是在大公司的会议上，还是在咖啡店跟同为独立企业家的人聚会，我都会表现出我的个性（虽然有缺点）。**尤其是在商业场合中，我希望对方能认识真正的我，这样我们就可以知道，我们是否能合作愉快。我是人，他们也是人，所以不需要假装。**

许多人可能会认为，这种态度可能会威胁到我的生意，或者降低我的可信度，但至少在我看来，事实并非如此。多年来，我被预约得很满，而且我很幸运，能够挑选我的客户与合作对象。我相信有部分原因就在于，我很坦率，我在做真实的自己。我的脏话不等于我的工作能力或职业道德，就像是我身上有刺青并不能代表我是罪犯——它们只是反映出我的个性，以及我与生俱来的古怪。

如果人们觉得我说脏话很无礼或讨厌，我完全可以理解，因为他们有权利发表意见。但是，不管你喜欢我还是不喜欢我，我对于我是谁、我给人什么样的印象，都感到很自在。我的价值感来自内在。我知道并不是所有人都会喜欢我，但我觉得这没什么大不了的。

## 思考笔记

工作中，应不应该真实地表现自己？

一个人要获取我的信任，需要具备的条件有哪些？

# 12

# 要好好学习经营企业的技能

就像讲脏话是我的一部分一样，我其实是边做边学的，而不是被教导如何去做的。或许你是用不同的方式去学习，那也很好。**最好的学习方式就是，你可以用它学到任何一种好的做事方式**——如果是学校，那就去学校；如果是生活，那就走出去，尽你所能地去体验一切。

我高中时的成绩不错，所以我身边的大人都说我必须上大学。一年后，我意识到我这么做不是为了自己，而是为了别人——我之所以上大学，是因为我理应在那里——成为社会上那个根据薪水来衡量自身价值的专业人士。

于是我休学了。

在学校学习期间，我已经开始制作一些网站，纯属娱乐，那时是网络正要开始成为主流的时候。当时我特别建立了一个网站，我称它为“伪辞典”（pseudodictionary），它非常受欢迎，甚至出现在《连线》（*Wired*）杂志的报道中。这个业余计划让我得到了我的第一份网页设计工作。

但从一开始，我就讨厌这份工作。



我根本就不想为别人工作，也不想遵从一家被他人价值观引导的公司的做法。但是我对经营企业根本一窍不通。

因此，我利用这段时间来帮助公司成长——最后成为创意总监——同时也学习我经营企业所需的一切：签订合约、跟客户打交道、制订时间表与预算等事情。

虽然有一天我会离开这家公司，但我依然努力提升自己的技能，同时也努力培养经营企业的技能。几年后，当我辞职时，我已经比刚离开学校的时候拥有更好的创业条件了，而且有客户跟着我。

当我开始为自己工作时，我吸取了很多教训，我借由学习别人如何执行，来最小化这些错误。在学校里，我不可能学到这些事情。**我必须亲身经历才能学到。**

## 思考笔记

印象中比较正式的第一段工作经历是什么？

我待过的公司有哪些经营之道值得学习？

# 13 一年赚一百万美元

在我年轻的时候（大约是阅读《多重结局冒险故事》的时候），我希望在我创立自己的公司时，能够每年赚到一百万美元。这是我的目标。如果我能达到这个标准，就代表我成功了。我的价值会非常高。

因此，我开始专注于这个财务目标。它引导我做每个决定，也引导我走上特定的路。我几乎接下每个项目，每周工作八十小时以上，没有时间做太多其他的事。一年一百万美元的目标，就像悬挂在我面前的胡萝卜一样。

在我意识到钱对我来说是个可怕的目标之前，“胡萝卜”始终存在——不是因为我讨厌钱（我不讨厌），而是因为我的目标与我的价值观无关。一百万美元只是我认为我应该达成的某个目标。这是别人设定的路，其实我不喜欢这条路。**当我意识到这是我自己的公司，而且我本来就该专注于我想做的事情上，我便觉得轻松自在了许多。**

当时，我主要的工作是为职业运动员们打造网页。我会跟他们见面，并且买票到北美各地看比赛。对于职业体育迷来说，这是一份很棒的工作。



但唯一的问题是，我对职业运动不感兴趣。我其实没有看比赛，没有关注球员，也不了解许多运动员的知名度。设计体育网站绝对不是我为自己选择的路，也不是符合我价值观的路，甚至不是对任何事情都有用处的路（除了赚钱以外）。

我意识到，如果我没办法借由获取更多钱来获得更多的成就感，那么金钱对我来说就不是一个有效的目标。赚很多钱并没有让我感觉更棒。事实上，我反而觉得更糟，因为我的工作时间太长，我不能过自己想要的生活。

我所从事的是我不关心的项目（因为它们的报酬很高），而不是分享非常好的工作。面对我所做的事以及我向世界展示的东西，我无法真心感到骄傲。

设计网站只是为了更多的收入。这件事让我意识到，关心自己所做的工作是一件极其重要的事。**当你专注于你喜爱的工作时，有趣的事情就会发生——很快就会开始出现更多你喜爱的工作。**因为物以类聚，而享受工作与获得报酬之间的交汇处，就是最佳结合点。

## 思考笔记

工作中，我如何看待以金钱为目标？

我喜爱的工作有哪些特征？

# 14

# 金钱对于公司的重要性不言而喻

有人告诉我，为了做真正重要的工作，你必须跟金钱保持距离。把艺术跟金钱混在一起，显然是灾难的根源。这听起来很天真，好像金钱本身就是不好的。但是，**如果你能赚更多钱，你就能在这个世界上做更多想做的事情！**

金钱可以是推动者，肯定也是放大器。如果你关注的是自己，那么金钱会让你更加自恋。如果你关注的是别人，那么金钱能让你帮助更多有需要的人，想一想比尔·盖茨（Bill Gates）与他的基金会。

**金钱很重要。**你可以通过有多少人愿意付钱给你，来衡量人们对你的工作有多重视。虽然听起来很愚蠢，但这是其中最好的一种方法，可以借此衡量其他人对你企业的重视程度。毫无疑问，这种价值跟你自己本身的价值、目标或个人价值观无关。但是，必须借由金钱的易手，其他人才会像付钱给你的时候一样，重视你所建立的企业。

人们可以把你当作一个人来评价，甚至可以在没有业务往来的情况下，把你当作业余爱好来评价，但是如果你做的工作是一项生意，那么金钱就需要易手（从他们手上转到你手上）。

## 思考笔记

我目前最想做的那件事需要多少钱？

写下自己未来三年的财富目标。

# 15

# 以精简的财务起步

不能因为赚钱不是我的主要目标，且赚钱对我来说不是很有意义的事，就代表我看不到它有很多的好处。**自从我创立一人公司以来，我就一直在努力赚钱。**一开始我不想投入太多资金，因此我尽可能地从节俭开始（在我父母的地下室开始做起，这是书呆子的老套做法）。

如果我花的钱比赚的钱多，我会迅速地重新评估自己的工作。我从来不接受网络繁荣期的哲学，即“用钱赚钱”。相反，我相信应该尽可能地以精简的财务起步，并且维持财务上的精简，同时只有在销售额增长时公司才跟着成长。

我所做的就是一份工作，即使这份工作是为自己而做的。如果说制作网站是一种兴趣，那我会用空闲时间来制作，即使我看到我花的时间只换来一分钱，我也不会担心。**工作会赚钱，而兴趣会烧钱。**我有很多兴趣，我认为它们很重要，可以让我的大脑保持活力，但是没有人可以只靠兴趣生活——除非你的兴趣是玩《龙与地下城》（*Dungeons and Dragons*）这款游戏，甚至在很多情况下，你也没办法只靠这个兴趣生活，你也需要做点其他的事情……

## 思考笔记

为什么要区分自己的兴趣与工作？

我懂多少财务知识？

# 16

# 我们总是被“更多的”金钱所吸引

这是我对金钱的看法：我有足够的钱吗？对于企业主来说，这是一个奇怪的问题，但这个问题从根本上改变了我对待我的职业、我的工作，以及我的生活的方式。



我从一位朋友身上想到了这个问题，他是加拿大艾伯塔省（Alberta）一家大公司的契约型会计师。虽然从本质上来说他是为自己工作，但他是一个很注重金钱与数字的人，且专注于实际的细节。

有一天我们在冲浪时，他提出为这一年赚足够的钱的看法。他解释，他会尽其所能地接下所有项目，直到他赚的钱足以支付当年的基本生活开销，也足以让他存到退休金。

**一旦达到目标，他就不会再接任何工作，而是去冲浪、爬山以及探险。**当获得了“足够”的金额时，他会关掉计算机离开一段时间——有时候，一次会离开五到六个月。

这种做法立刻吸引了我，因为我从来没有听过，有人会说他们已经赚到足够的钱。因为大多数的企业会专注于不断成长。我们总是被“更多的”金钱所吸引，我们不太会去提出其他的问题。我们也往往关注于金钱的下限：是否有足够的钱用于支付租金，并且养活我自己和我的家人呢？但是，如果我们思考自己的收入该达到的上限，情况会如何呢？我们真的需要更多的钱吗？**上限需要高到天空，还是只要能简单生活就足够了呢？**

几年前，我就确定了我的最高目标。一旦达到这个目标，我就可以有一段时间不需要工作，然后专注于写作、音乐，或任何我喜欢的事情上。我的生活过得非常节俭（如果我够酷的话，我会称自己为极简主义者，但我其实只是个吝啬的可怜虫），而且因为我的工作是在虚拟世界中，是可以通过网络进行的，所以我不会有太多的管理费用或营业支出。另外，我还有一个自动储蓄账户，可以把钱存起来备用。

在我了解什么是“足够”以后，我平均每年可以跟我的妻子一起去旅行两到三个月。这也是我可以抽出大量的时间，去探索新想法与试验的原因。我的朋友和我都不是那种达到目标以后，就会坐在沙发上看肥皂剧的人。相反的，这让我们有更多的时间去追求兴趣、副业，以及其他爱好。而且有时候，这些副业会变成额外的收入来源（不要脸的宣传——这可能是我下一本书的主题）。

**“足够”这个目标能创造自由。**一旦达成它，我们就能拥有自由，可以去选择新的探险活动，去探索新鲜的想法。

## 思考笔记

写下自己工作之外喜欢做的事情。

除了工作之外，你有其他的收入来源吗？

# 17 我们是否需要一个目标?

当我放弃我的一百万美元目标后，我发现我没有一个能接替它的目标。事实上，我甚至不知道真正的商业计划需要做些什么——现在我依然不知道。

一开始，我认为我可以找到更好的目标，来解决我突然失去方向的问题。然而，不管我怎么努力，我都想不出任何有意义的事。我需要一百名员工吗？当然不需要。我一点也不想管理别人。我需要投资者与成长吗？不，因为那样会让我觉得，我好像在为别人工作。我想在设计行业出名吗？不，我只想做好我的工作，然后跟每个有兴趣的人（无论他们是不是设计师）分享。

所以，我决定不设定任何目标。一个也没有。那时没有，现在也没有。我依然尽可能地避免设定目标，就像我拒绝拥有一套西装与一条领带一样。

这看起来完全就是一种懒散的心态，但是，没有目标并不等同于没有热情与动力。在我缺乏目标的地方，我会坚守自己的价值观，让它们指引我的公司——我也会努力坚持我的价值观。



我认为目标是有约束力和限制性的。它们会用单一的重点，把你带领到单一的方向。你必须选择 A 路线，而不是 B 路线，因为 A 路线会以更短的距离带领你到达目标。一旦你瞄准一项目标，就没有太多选择的余地。这就是为什么当我想要每年赚一百万美元时，我接下每一个到我面前的项目的原因。

现在，我让我的价值观引导我，因为它们能提供更自由的选择。**如果我重视的是做好事与帮助他人，那么有上百万种方式可以做到这些。**我可以选择一条我想走的路，并且忠于这些价值观。它们虽然很模糊，无法施加限制，但它们也够清晰，足以指引我坚持正确的方向。

让价值观来指引我的工作，是自由的。这表示如果有机会，我可以每次都自由地选择，而不是选择金钱。显然，情况并非总是如此，因为我们不是生活在完美的世界，没有小精灵会帮我们完成所有苦差事（还为我们烤饼干）。这就是为什么工作被称为“工作”，而不是被称为“超级开心的娱乐时光”。我们有账单要付，客户可能会有压力，而且有时候如果我们忽略了大局，小任务就会显得毫无意义。但是只要我们的价值观能处于主导地位，那就没问题了。

在价值观的引导下，也可以让我去尝试，哪怕是失败了，也免于受到惩罚。如果我试图达成一项目标，但却没达成，那就表示我失败了。但如果我忠于自己的价值观，然后失败了，那么我依然坚持自己的信念。我只需要尝试其他事物，尝试不同的方法，或者过一段时间再试一次。无论是哪种方式，我都不曾违背过我的价值观；我只需要改变一些事情，选择一条不同的道路，不然我将会陷入无止境的循环中，不断面临失败。

## 思考笔记

如果我创立了自己的一人公司，我会设定目标吗？

会设定什么样的目标？

一家没有明确目标的公司能走远吗？

# 18

# 有时候我们需要停下手头的工作

**有时候你必须从一个情境中走出来，才能真正解决问题。**当你抽离自己，从另一个角度去审视时，就能获得更好的视角。

我可以在几个月、几年甚至几十年的时间里，一直在自己的公司做同样的事情。它可以赚钱，而且我很喜欢。但是这种埋头苦干的方法永远不会奏效，因为这么一来我没有任何时间可以检查，看看我走的路是否符合我的原则。**挑战自我与克服自我的恐惧，是我的两个核心价值观，**所以如果我不断为客户建立网站，那么我的核心价值观就不会实现。如果我不尝试新事物与新方向，我就会觉得自己停滞不前。

最近，面对这种情形时，我意识到自己必须离开一段时间。我需要暂时忘记工作，这样我才能以全新的视角来审视它。

我很害怕按下暂停按钮，其实严格来说并没有任何问题，主要是因为改变很可怕。如果我做出改变，最后却没有任何客户该怎么办？如果我因为试验了无效的想法，而毁掉一个非常成功的事业，那该怎么办？



暂时离开可以强迫我去思考：我的事业具有什么意义，我该如何更恰当地去帮助客户。

避开没有解决方案的问题，暂时歇口气之后，有趣的事情发生了：答案很快、很清楚地浮现出来。我重建自己的做法与流程，以便更适合自己运作，也更恰当地为我的客户提供服务。

有意义的工作就像药品——而且它跟许多药品一样，你最后会对它们的效果产生免疫，因此需要增加剂量，才能有相同的感觉。我需要增加有意义的工作的剂量。

有时候，为了忠于你自己与你的价值观，你需要通过改变来创新。有时候，这表示你需要停下来，然后抽身出来一段时间。

## 思考笔记

我喜欢重复的工作，还是比较有创意的工作？

我对未来的工作有什么期待？

# 19

# 选择，是一条起跑线

**选择一条路，意味着采取行动。**选择，就是一条起跑线，所以做出决定后就开始跑吧——接着确保你能完成，因为没有结束的开始，跟不做选择是一样的。最后你需要通过公之于众，来确认你的开始与完成是否真的有效。这么做也许会让人害怕，但是你必须翻过这一页，然后继续前进。

人很容易陷入所有不想开始的理由。不要冒险，做你想做的工作，这会让人觉得很安全。下水可能很冷，而你也可以选择待在岸上时，为什么要下水游泳呢？

但如果你找到核心问题，那么大部分拖延的理由是站不住脚的：没有时间，没有金钱，没有受众。这些全都是未来要考虑的问题，这些问题会让任何一件事都很难开始。可是，你应该以后再担心这些事，或者根本不必担心这些事情。一开始先做出较小的决定，然后朝着感觉正确的方向前进。

**如果你一动不动，那就没有路可走。**这只是路上的一个地点。风景也许很漂亮，但停滞不前是不可能改变世界的（或买一艘游艇）。想知道你所做的事是否有抓客力（traction），唯一的方法就是去做，然后把它展示给大家看。



显然，有时候我们需要离开一下或休息一下，甚至做出一些改变。这些我都亲身经历过。但是，需要改变不应该成为永远不开始的借口。如果你尝试某件事情，然后需要休息一下，那是一回事。但如果你想开始某件事，却不去尝试，那完全又是另一个问题。

现在就开始吧。别找借口。

克服冒险旅途上的障碍。

## 思考笔记

如果现在创业，我需要面对什么困难？

我目前精通的技能或掌握的强大能力是什么？

## 第二部

# 克服冒险旅途上的障碍

EVERYTHING I KNOW

在通往真理的路上，一个人只可能犯两种错误：一种是半途而废，另一种是从未开始。

——释迦牟尼（Gautama Buddha）

## 01

# 学会重视过程，淡化目的

走属于你自己的路，走一条从没有人走过的路，会进入很可怕的领域。仅仅保持好奇心与做自己是不够的，你必须实际从事实质的工作才行。当人们面对“我下一步该怎么做”“如果发生某种情况该怎么办”这类问题时，很容易犯错或不知所措，然而，最重要的问题是“我该从哪里开始？”——先问自己这个问题吧，接着处理在此过程中你将会遇到的一些棘手的问题。



**有时候，我们甚至还没开始就先想得太远了。**我们开始思考下一步，思考未来五年，思考假如这样会怎么样，或者思考有没有可能在未来的某一天全面失败。

我们把焦点放在未来，但未来还没发生，我们没办法预测。这转移了我们对当前的注意力，以及我们实际开始做一些事情的注意力。我们没有把注意力放在我们的工作上，而是关注于工作能带来什么。

这是目标可能变成障碍的另一个原因。目标代表将来会发生的某件事。它把我们带离现在，甚至阻碍我们进行工作，因为我们会去想，如果失败了该怎么办？为什么还要去尝试呢？为什么要把我们的工作展示在众人面前呢？如果没人喜欢该怎么办呢？

**你应该把焦点放在当前所需的努力上。**这代表不要每隔五分钟就查看一次推特或电子邮件，也不要幻想着被每个大型播客（podcast）节目采访。这代表马上就去做需要做的事情——依然不能保证会成功，但是，如果你不去做，那就什么也不会改变，所以为什么不至少尝试一下呢？

**无论好坏，你都没有权利知道结果，你只有权利做不做这项工作。**

我们的自我意识让我们很难不去想任何潜在结果，但不去预想未来是很重要的。有时候，权力是丑陋的，也会让人们很快便失去兴趣。你努力的结果——名声、金钱、权力等等——可能会出现，也可能不会出现。就算是只花一秒钟的时间去思考明天，也会让你停止思考你今天应该做的工作。那些预想的结果可能不会发生。但是，如果你所做的事情跟你的价值观相符，那么结果是什么也就不重要了。你只要全力以赴就够了。有时候，仅仅靠劳力还不够，也许你需要改变你正在做的事。



把你的时间花在担心现在的事情上，而不是担心未来的事情上。无论结果是不是你无法预测或无法设定的——这是确保你可以完成有意义的工作的唯一方法。

## 思考笔记

我目前是否想得太多，做得太少？

我是否有很多事情，只停留在想想的阶段？

## 02

# 合理分配自己有限的时间

认为自己没时间，是我们最大的借口之一。如果你有一份全职工作，有孩子，而且还做很多事，那你怎么挤出时间写书、创立你自己的公司、画一幅杰作，或者做其他事呢？

我们都很忙。我们花很多时间工作，甚至觉得没有足够的时间好好睡觉。但是，追求有意义的工作，并不是要像施魔法般在一天当中挤出额外的时间，而是应该为我们所拥有的时间安排优先级。

如果你不读书，而是写作呢？如果你不看电视，而是制作影片呢？如果你不听音乐，而是学吉他呢？

**要成就伟大的事，就需要一些牺牲。**为了改变你的思维并试验各种点子，你必须选择一条新的路。你必须把你的模式从消费转变成创造。然后，你就能拥有无限的可能性。

一旦你选择了一条通往创造力的路，排定优先级就会变得更容易。当你有重要的工作要做时，为什么还要看电视呢？当你需要思考出一个很棒的点子时，为什么要把时间花在不能带来任何改变的社群媒体上呢？

如果你脑中有某些创意或创新的事物需要释放出来，那现在就开始去做吧。

## 思考笔记

我目前是否在社交媒体上耗费了很多时间？

工作之外，我还有哪些时间可以利用？

# 03 想办法为自己的事业创造空间

在 beyond tellerrand 2013 网页设计大会的一场演讲中，平面设计师詹姆斯 · 维克特 （James Victore）说，他因为没付房租，把房租拿去印制海报和悬挂海报——为哥伦布纪念日（Columbus Day）提供不同的海报，所以差点被房东赶出去。**每件事都要付出代价，所有的好工作都需要做出一些牺牲。**他之所以愿意牺牲他的房租，是因为他的作品能传达他忍不住想分享的讯息。

詹姆斯为了能够自由表达他的艺术而付出代价。他的作品现在在纽约现代艺术博物馆（MoMA）中——他的房租问题可能也比较小了。

詹姆斯在面对一群年轻设计师的演讲中，解释为什么他会不惜投入一切，也要去创造有意义的作品。一个坐在后排的人（永远是坐在后排的人）问他，为什么他不重视生活的必需品。詹姆斯回答说他当然重视，但他不希望将来他的墓碑上写着："詹姆斯长眠于此。他付清了他的房租。"

**每当你执行一项任务，就等于是你选择了不做其他事情**。如果你真的重视你所做的工作，那就选择去做。你没办法在做每件事情的同时，还能保持整体生活的平衡。大多数的艺术家与创作者只知道"平衡"这个词是一个概念。选择从事你认为有价值的事情，就代表着不选择其他事情。这没什么不好。

为了成就伟大、有意义的工作，你愿意牺牲什么呢？不一定是你的房租。但是我们都很忙、很累，压力很大，也同时被拉往几个不同的方向。你能够不受影响，为了成就某件伟大的事而创造出空间吗？

## 思考笔记

我目前主要忙碌于哪些事务？

为了做自己想做的事情，你愿意付出什么代价？

## 04

# 做事情，从小处入手

金钱往往是阻碍我们起步，或阻碍我们从事自己想做的工作的另一个因素。我们会认为：“如果我有足够的钱，那么我就可以开始从事我一直梦想的事业。”



**你可以没有钱就开始。**把你的创业想法缩小到它的本质，把它视为原型（prototype）。你所做的工作是什么？在我还不知道它具体是什么的情况下，我会猜想它可以帮助其他人解决问题。如果你想成为一名网页设计师，那么你应该通过为人们建立网站来帮助他们。如果你想拥有一家汽车经销商，那么你应该帮助人们找到他们想要的汽车。



做帮助别人的工作，不表示要免费提供网站或是汽车，但可能表示你要提供其中某方面的建议（或者两者兼具，如果是汽车经销商的网站）。尽可能免费地帮助人们，且不抱有得到任何回报的期望。诚实地告诉他们，为什么某一辆汽车比其他汽车更适合他们，或者为什么某一个网站的想法比另一个网站更好。这不是慈善工作，这只是稍微重新界定工作的一种方法。

如果你有一个能够鼓励或娱乐人们的消息或故事，请说出来吧。你不需要图书合约或电影合约；你只需建立一个免费的博客，然后述说你的故事即可。至于出售它的事情，以后再去想。没有任何创作者，会因为讲了太多他们的故事，或免费提供给别人太多故事，而受到惩罚。

**如果你认为你的想法太大，没有获得资金或没有全职投入就没办法开始，那就表示你想得太远了。**你应该把你的想法缩小到它的核心，然后马上开始。

一开始的想法与工作可以很小，它们不必发展成为成熟的企业。如果有必要的话，请你还在其他地方从事全职工作时就开始。你有多少时间，就尽可能用多少时间开始。重点是“开始”。

## 思考笔记

我想做的事，没有钱真的可以开始吗？

写下自己最喜欢的一个故事或真人真事。

# 05

# 好好利用副业做实验

奈森·贝瑞（Nathan Barry）在他的妻子刚生完小孩之后，通过开发与销售他的第一个 iPhone App 来自学编程，当时他还有一份全职工作。

他后来写下关于开发这款 App 的书，这本书在上市当天就卖了超过一万两千美元。奈森还开发了一款连接电子邮件与网页以收集订阅者信息的 App。后来，他写了更多的书，并开发出更多的 iPhone App。奈森一直到他从这些副业建立几项收入来源后才辞掉他的正职。他在几乎没有钱的情况下，就开始从事这些副业，同时还要支撑一个新的家庭。现在，他已经把这些所有的“实验”，扩展成全职事业。

我也几乎在没有钱的情况下，创作了我的第一本书。**我以物易物、从事交易，以及借用了几乎所有我需要的东西**。为了避免库存过多，也确保我不会欠债或从现有的企业中借钱来出版，我只把这本书制作成电子版。当我用第一本书赚到一些钱，我就用那些钱来写书，并支付服务费用以制作另一本书。接着，我用第二本书赚来的钱，再创作另一本更大的书。

如果我专注于我希望我写的书能达到什么目的，或者我梦想着我写的书是什么样子，那我可能会放弃从事网页设计，专心地全职从事写作（可能在树林中的某个小屋里）。我可能已经印制了成千上万本书，摆在我的办公室里。它们可能已经卖出去，或者可能还没卖出去，但这不是重点。

渐进式的开始，让我很轻松地过渡到更多的写作；因为渐进式的写作，让副业转变成更大量的工作。

## 思考笔记

全职工作之外，我在为未来学习什么技能？

# 06

# 一次在咖啡店玩拼图的经历

有一年夏天，我去一间咖啡店（实际上是一间简陋的小屋），它位于一个有四栋建筑物的小镇上。当老板在煮我的咖啡时，我注意到一堆木制的拼图，就是那种你必须把每片拼图拼在一起，它们才能放回盒子里的拼图——很像 3D 俄罗斯方块。如果拼错，拼图就没办法合在一起，盒子也会关不起来。

我马上开始努力地操作这个拼图，设法把两块拼图拼在一起。接着加入另一块，再加入另一块，直到我几乎拼出适合装进原本盒子的东西。但可惜没有完成，还差一点点。于是我不得不再试一次，直到能装进盒子为止。

**我所要做的事，就是不断地试验不同的可能性——在冒险之旅中做出选择，并且不断前进。**

如果我只尝试一次，那么我会失败，会停留在拼图的失败上。如果我尝试了两次或三次，我可能依然会失败。

只因为我尝试过，也失败过（直到我没有失败），我才能成功地把一片一片的拼图拼回盒子里。在拼好之前，它根本不可能装得回去。我所要做的事，就是不断试验不同的可能性——在冒险之旅中做出选择，并且往前迈进。

## 思考笔记

我从生活中或工作中得到的启示。

我现在在尝试什么冒险吗？

# 07 避免被别人的评价伤害

我们对失败的恐惧，常会阻止我们去尝试一些事物。我们觉得不去尝试就是安全的，但不去尝试肯定是你会失败的唯一方式。**不要因为不去尝试，而提前宣告失败。**

像木制拼图一样不重要的东西，很少有人会害怕去尝试。输赢的赌注很低，所以无论是赢或输都不重要。但是，一旦提到我们的艺术、构想以及我们的工作，所涉及的输赢会更多，因此有时候我们会害怕尝试。

但是，如果在这项工作上，我们最害怕的事成真了，那会怎么样呢？

我们会死吗？

我们会没办法再尝试其他事吗？

我们会无法重新开始吗？

**在大多数情况下，我们的恐惧可以归结于别人对我们的评价。**这是一种合理的恐惧，因为其他人可能真的很苛刻。但是，让这种批评阻止你做某件事，只会伤害你。



你应该意识到，其他人（包括世界上最成功的人）也会遭受批评。实际上，极其成功的人每天都受到指数级的批评，但是他们会继续前进。我们也需要这么做。你应该克服被品头论足的恐惧，然后去从事你的工作，才能成就伟大的工作。

另外，不要让害怕犯错使你丧失做决策的能力。你也许有两条路可选，这两条路可能都是错的，或者都是对的。但无论如何，冒着犯错的风险走就对了。除非你去尝试，否则你不会知道结果；如果选错了，你可以回过头选择另一条路。

不幸的是，这种对失败的恐惧不会消失。每个人都会遇到。面对这一点，你能做的，就是了解这是人性的一部分，且无论如何都要不断前进。让恐惧阻碍你，其实只是让你自己和你的潜力无法发挥。

## 思考笔记

我曾经有过哪些现在看来很荒唐的担忧？

我目前是如何看待失败的？

# 08

# 写下自己的恐惧清单，克服它们

我从电子报订阅者那里收到一封电子邮件，这位订阅者阅读了所有我写的关于恐惧的想法，以及我列出的所有让我害怕的事情。她也写下了她的恐惧清单。

但后来她意识到，她所害怕失去的所有事物，都是她感激能得到的事物。她害怕失去她的丈夫，因为他是她的生命中最重要的人之一；她也害怕生病，因为她一直都很健康。

这是一种看待事物的好方法。我们之所以恐惧，是因为害怕失去你拥有的东西。所以，让感激的心照亮这种恐惧吧。

**把你的恐惧化为感激吧。**

请记住，冒险正是产生这种感激情绪的来源。举例来说，如果我的读者没有冒着风险去约会和结婚（这绝对是可怕的事），那么她就不会拥有她的丈夫。如果你什么都不怕，你反而不会拥有任何有价值的东西。所以，把你的恐惧化为感激吧。为它的存在而高兴，因为这表示你得到了有失去价值的事物。

## 思考笔记

我是否对目前的工作心存感激？

我目前最害怕失去的是什么？

# 09

# 我不介意分享自己的想法

我对我建立的事业心存感激，所以我会害怕，如果我破坏现状去尝试新的事物，我就会失去我辛苦创造的一切。我很感谢我的受众，因此，每当我按下文章或电子报的“发布”键，或是发行一本书时，我都会担心我会失去他们。

我解决这种恐惧的方式，就是认清自己很害怕，然后无论如何都去做。显然，这种做法可能会导致我做出一些非常愚蠢的决定，因此一直会有源源不断的人，对我取消订阅、取消关注，并且不想听到我说的话，但是克服分享的恐惧，也为我带来很多新的机会。**分享我的想法，一直是我愿意承担的一个风险。**

我不介意分享最愚蠢或最聪明的想法——因为这些都是我的想法，而且我知道有更多的想法在持续酝酿中。

## 思考笔记

我经常在哪里分享我的想法？

# 10

# 你敢与自己很尊敬的人交流吗?

我的朋友麦特（Matt）不久前在纳什维尔（Nashville）的一家咖啡店里，发现杰森·玛耶兹（Jason Mraz，知名的流行歌曲创作歌手）就坐在附近。麦特是他的歌迷，所以当他得知他那么尊敬的人就在几英尺之外，他便激动得像个小孩子一样。

在麦特用了几分钟的时间鼓起勇气之后，他走过去打招呼，还跟杰森握手。

然后，杰森做出了麦特没预料到的事。他询问了麦特的名字，然后邀请他坐下来聊天，就像普通朋友一样。于是他们花了几分钟谈论音乐、纳什维尔，以及精酿啤酒。

麦特很害怕跟他尊敬的人交谈，但无论如何他还是鼓起勇气前进了，因此他现在有了这个有趣的故事：他在纳什维尔的咖啡店遇见杰森·玛耶兹，还和他一起聊着精酿啤酒的话题。

**克服恐惧的唯一方法就是认知它，然后亲身试验去克服它**。有时候结果可能会令人十分惊喜。

顺带一提，这种方法不只适用于跟杰森·玛耶兹交谈这类小事情，也适用于你可能害怕做的几乎所有事情。恐惧、承认，以及最重要的是——执行。

## 思考笔记

克服恐惧的方法有哪些？

写下你曾经冒险做的一件意义非凡的事。

# 11

# 恐惧用我们赋予它的力量阻碍我们

恐惧让你跟自己作对。实际上它无法做任何伤害你的事情，但它却会让你认为它是最厉害、最坏的恶霸，如果你太引人注目，它随时准备好要打你。

恐惧只拥有你赋予它的力量。当你因为太害怕而无法尝试某些事物时，它的力量就会体现出来。因此，如果你很害怕，但你还是会去尝试某些东西时，恐惧的威力就会消失。

我几乎害怕所有事情：离开我的家、面对一群人、位于高处、飞翔、分享我的写作、受到批评、跟人交谈等——我只随意举几个例子。除此之外，如果有什么让我没意识到我害怕的事情，当你问我是否害怕时，那我可能会当场多出一个新的恐惧。

有一次我写下我主要的恐惧。那是一个很长的清单。其中只有一项或两项，有可能会导致我死亡，而且这两项都是不太可能发生的情况，比如被熊吃掉。其余的恐惧，最差的情况是，打击我的自尊且让我看起来很糟糕。

于是我面对我的恐惧，每次都朝着它们推进。我不断地离开我的家，跟一群人在一起，写作并出版一些内容。**我一直尝试创新，创造新事物，以及突破自己的极限。**

我从小处着手，以小小的力量推进。我知道，感到恐惧与向前迈进不一定是互斥的。我逐步提升到以中等力量推进。如果我不赋予恐惧任何力量，它就什么事也做不了。接着，我更加用力地推进。别担心。恐惧可以承受，而且恐惧无法反击。

推进，推进，推进。

## 思考笔记

写下工作中我的一个或数个小创新。

我是否在不断地接近自己的目标?

# 12

# 其实很少有人会注意我们的小错误

只要我还是一名网页设计师，我就会一直是一位巡回演出的音乐家。这对大部分的人来说，似乎是很奇怪的事，因为我的个性如此内向。我在团体中常常放不开，在公开场合会感到不自在，更不用说在舞台上了，而且我很不擅长进行口头交流，仿佛这是导致灾难或失败的原因。对吧？在表演节目时，在舞台上——有时候是在很多人面前都这样。

但是，我从小事做起，用小小的力量克服在舞台上分享我写的音乐的恐惧。我会跟我的乐团成员一起坐在公园里，本质上不是为人们演奏，而是在人群中演奏音乐。当我克服了这个恐惧，而且并没有因此就死掉后，我开始参加即兴表演（open mics），这个空间里的每个人都一样害怕表演（顶多是即兴表演，通常是为其他音乐家表演）。

从那之后，我的乐团在小型的俱乐部固定演出，并且为少数人演奏（如果我们幸运的话）。同样的，我还是没有死。人们来听，有些人甚至会买 CD 或 T 恤。更棒的是，有些人不止一次来听演出——我一直认为对一个乐团来说，这是最好的赞美。



有时候我会去参加更大型的演出，甚至在加拿大与美国巡回，几乎每天晚上都在演出。我从来没有变得不再害怕站在舞台上、对着麦克风说话、与人互动，但是久而久之，**我确实学会了认清恐惧、承认恐惧，然后不管怎样都要走上舞台。**我弹错过音符，但我没有因此死掉。我曾在不对的时间点弹奏不对的段落，但没有因此被人嘲笑和赶下舞台。大部分时候，人们根本不会注意到那些微小的错误。



有时候，让我感到最难为情的表演，正好是许多人事后告诉我他们非常喜欢的一场表演。

如果我不曾尝试去克服我的恐惧，那么我就不会拥有这些经历。

## 思考笔记

我有什么可以表演的才艺吗？

如果有时间学习一种艺术的话，我想学什么？

# 13

# 如何知道该怎么做?

看看我能推动自己走多远——我能带着我的试验走多远，我离真正了解自己有多近，或者我能带着我的任何想法走多远——能为我带来动力。我从来不会对任何事情感到满意，所以我觉得我必须继续竭尽全力，否则我会死于停滞不前、缺乏创造力。我的墓碑上会写着：“保罗长眠于此。他没做什么事情。”更糟糕的是，这些字会以一些可怕的字体被刻上（例如 Comic Sans 字体或 Papyrus 字体）。

我认为体验恐惧很重要，因为恐惧可以让我们表现自己、对自己负责，而且能借由了解自己能够完成多少事情，确保我们过有意义的生活。**除非我们尝试事物，**

**挑战我们的极限，否则我们不会真正知道该怎么做。**

面对恐惧也能创造一些你最自豪的时刻。如果我做了我不敢做的事情，我会对自己很满意。我曾经害怕的那些事情，现在我都敢去尝试，去做一做了。

## 思考笔记

我目前正在坚持推动的事情是什么？

想一想，创造力是什么？

# 14

# 工作中需要冒的风险不少

为什么要对抗恐惧？如果恐惧让我们感到不舒服，为什么要朝它们走去？不必特别保持安全距离，停留在不令人害怕的距离，不是很好吗？

**只有借由尝试克服恐惧，我们才能找到自己真正的极限**——而不是我们认为我们所拥有的极限，因为在我们尝试之前，这些极限都只是假设。当我们向恐惧逼近时，我们会意识到，我们的极限远比我们想象中的更远；有时这些极限会非常远，远到我们甚至看不见它们。

推进危险的想法吧。**伟大的工作需要冒极大的风险。**实现某些成就并不是因为无所畏惧，而是因为恐惧，但依然去尝试。真正的勇气通常包含大量的恐惧，但这也意味着无论如何都要前进。

开始进行吧（但不要以鲁莽、愚蠢或危险的方式）。

## 思考笔记

我对抗恐惧的理由有哪些?

我最近想尝试做什么事情?

# 15

# 克服自己的错失恐惧症，节约时间

**在社交网络，你越担心错过某件事情，你因此而浪费时间的概率就会越大。**譬如不断地查看虚拟世界的活动，代表你只是间接参与所有活动，而不是实际参与任何事情。它让你远离当下，让你去观察其他只是部分存在的人。

社群媒体是一个 FOMO（Fear of Missing Out，错失恐惧症）的好例子。我们更新实时讯息的次数越多，我们实际做的事情就越少。由于我们认为我们可能会错过别人在社群媒体上说的话、做的事，或发布的内容，因此我们的工作就会受到影响。

当你少花时间，去追赶那些你以为自己错过的东西，你就能真正拥有更多的时间，去过你的生活，做你的工作，或者以面对面的方式跟其他人交流。

## 思考笔记

我最常用的社交媒体是什么？

我对当今社交媒体的看法是什么？

# 16

# 当我们推动事情的时候，不用追求完美

学校教我们，失败是坏事。如果我们在课堂上的尝试失败了，这堂课我们通常会不及格。突破界限，或探索新的路往往是没有回报的。

这种是非分明的方式封闭了机会。它也让我们没有能力去应对疯狂、复杂的现实世界，在现实世界中，必须对突破界限做出一些尝试，才能得到有意义的工作。

追求完美，会让我们无法发现自己的弱点，也无法利用它们。**追求完美无法推动任何事情，也无法表现出真实的我们——因为我们并不完美。**

托马斯·爱迪生（Thomas Edison）在实际制造出可持续且价格合理的灯泡之前，曾进行许多次的试验。如果他没有试验，没有经历数百次的失败，我们不会知道他的名字。爱因斯坦（Einstein）写了数千篇的研究论文，且其中多数论文不是被认为很糟糕，就是被认为很一般。**直到他尝试一些想法，探索许多新的道路后，他才终于找到他的天赋。**

历史上没有任何创新者、发明家或创造者，没有先失败个几次就做出了不起的事。失败是成功的必要条件，所以不要回避。相反的，我们应该欣然接受失败，把它视为成就伟大的垫脚石。

## 思考笔记

我有哪些不完美的地方?

如何看待做事的时候追求完美的心态?

# 17

# 练习，让我们越来越出色

完美是个神话，持续练习永远不可能变得完美。事实上，所有追求完美的努力，反而有可能让你离推出自己的产品越来越遥远。通往完美的路，会让你几乎无法推出你的成果，因为没有任何事情是完美的。产品应该着重于够出色而足以推广的程度，以及好到足以让你的受众享受的程度。

如果你着重于把每句话都变成可以永久流传的名言，那么一本书就完成不了；如果画纸上每平方英寸的画，都需要配得上罗浮宫（Louvre），那么一幅画就无法完成。你的工作成果够出色就好。

够出色的意思是，你已经用尽所有可能的灵感去努力工作；够出色的意思是，你已经把一切都留在舞台上了；够出色的意思是，你可以把你的工作推向终点。

**够出色不是将就，它是启动。**

因此，练习不会变得完美，是让你更近一步。每当你做一次你的工作，你离下一步就更近一步。所有的步骤累积起来就是启动。



有时候练习会通往失败，因此你不得不放弃这项工作。在这种情况下，请尝试新的可变因素，或开始尝试新的工作。**唯有更多的练习，才能让你更接近成功。**

## 思考笔记

做未做过的事，需要提前练习吗？

我最近有没有什么接近完成的工作成果？

# 18

# 创造并展示自己的工作成果

恐惧会让我们担心别人是怎么想的。不是人们可能会评断你，是他们一定会评断你。



通常我解决这种恐惧的方式是，尽可能经常地出现。也就是说，如果我害怕写作，我就写作；如果我担心自己是一个不够厉害的网页设计师，那我就建立更多的网站。

**一个不断创造与展示自己工作的人，与一个没有这么做的人，唯一的区别就是行动。**这两个人心里都会感到害怕。他们都不知道结果会如何，他们都不知道别人会如何评论他们，但第一个人不管怎样还是去做了。



所以你为什么要害怕做自己呢？你真的会损失什么吗？

## 思考笔记

我该如何处理别人给自己的好的或不好的评价？

# 19

# 忠于自己内心真实的想法

每当我发电子邮件给我的邮件名单时，我都会失去订阅者；每当我发推文时，我最少会失去一位关注者；每当我写一本书或一篇文章时，我都会至少得到一条严厉批评，指出有瑕疵的逻辑、缺乏的技巧，或轻易就能反驳我的观点。

人们会发电子邮件给我，谈论我的设计或写作，并且告诉我，我做的事情很糟糕，或者我的想法不好。每周我都至少收到一封负面的电子邮件、推文或评论。曾经有人给我的食谱书一颗星（满分五颗星）的评价，因为“它很好，但不如《战争与和平》（*War & Peace*）”。

也许是因为我喜欢按下按钮或写些偷来的想法，以及在会议上骂脏话；也许是因为我试图以诚实的声音写作，而诚实的声音没有引起某些读者的共鸣。

那么，为什么每次我像是被打耳光，却还是要花时间向这个世界展示工作呢？**我这么做是因为我喜欢分享“我是谁”**。我喜欢跟喜欢和我交流的人（这些人是一般大众中的一小部分）进行交流。

我对取消订阅、取消关注或不礼貌的电子邮件不太在意。我只会在电脑显示屏前骂脏话，然后很快就继续前进。

我不记得上一次负面评价真的让我彻夜难眠或毁掉我一整天是什么时候了。只要我跟自己的价值观保持一致，并且诚实对待我所分享的内容，我就会一直分享下去。我分享，是因为即使有些人讨厌它，但还是有些人不讨厌它；而那些不讨厌它的人，正是我想通过我的工作或作品与他们交流、帮助他们的人。

**我从未试着取悦所有人，我甚至没有试图去取悦那些一直喜欢我的人。**我们每个人都有不同的价值观，即使他们多数的价值观与我的一致，但有时候也会不一致，这没什么大不了。我宁愿专注于我想说的话，而不是它是否会冒犯到某个人。

## 思考笔记

除了简历外，我还能怎样向外界介绍自己？

交流时，我倾向于取悦别人还是展示真实的自己？

# 20

# 敢于诚实地面对自己的过往

梅格（Meg）是一名健康教练，她帮助人们应对食物的问题，并教他们如何做出更健康的选择。健康教练有很多，就像瑜伽老师一样，他们通常有着统一的语言和语调。但是，这些教练都没有梅格的人生故事，而且梅格没有兴趣故作姿态或装腔作势。她不希望自己成为“小小健康教练机器人”。

在梅格成为教练之前，她因为贩毒在联邦监狱服刑两年。你可以在她公司的网站上阅读到相关内容。事实就摆在那里，全世界都可以看到。

起初，梅格害怕以她的方式跟她的受众——希望能够了解食物与健康，但不想以其他多数健康教练采取的交流方式去了解的受众——交流。但是她想，“如果……会怎样呢？”如果她只是诚实地以她谈论自己事业的方式，会怎样呢？如果她诚实地面对自己的故事，这样她的受众就不会从其他地方听到八卦（这可能会很棘手），那会怎么样呢？

梅格从恐惧到实验，再到优雅，**优雅地以她的方式工作，优雅地热爱生活，并且从事一份有意义又能赚钱的工作。**

她开始用较小的步伐找到自己的声音。她在她写的每篇文章与她做的每件事当中，都添加了一点点勇气，直到这一点点勇气，累积成为一个诉说她的真实故事及与她价值观相符的公司。

现在，她正把她独特的故事卖给出版机构。

## 思考笔记

我敢坦诚自己以往做过的错事吗？

我在朋友面前，公开过自己的缺点吗？

# 21

# 提升自己信心的方法





我在写作的多数日子里，每天起床时都会觉得非常焦虑。如果我写的内容，不如我的上一篇文章或上一本图书受欢迎，那该怎么办？如果人们最后发现我其实什么都不知道，那该怎么办？如果没有人买我的书，或更糟糕的是，每个买书的人都想要退货，那该怎么办？

这些是可怕的想法，但它们不会杀死我，也不会让我无法再试一次，或无法尝试新事物。最坏的情况只是，失败会打击我的自尊（还好我的自尊可以承受轻微打击）。

我醒来后会去想这些事情，接着我开始写作。害怕所有事，意味着非常害怕重要的事。如果失败了，那么会有太多的未知数、太多的变量，以及太多的投入。

然而，我唯一知道的前进方式就是继续向前走。**尝试、适应、学习，亲自进行试验。**

每当我看到空白页时，我都会出现信心危机。但是接下来我会开始写作。每一个字都是对这种恐惧的一小步进攻。我在写这句话的时候，我正在跟它对抗，如果你读到这段文字，代表我已经克服发表我所写的东西的恐惧了。

## 思考笔记

有没有应对信心危机的好方法？

# 22

# 如何擅长做一件事？

如果你能经常出现在你的恐惧面前，你就能学会如何看待它、承认它，然后去做你害怕做的事情。你必须现身（可能是每天）——特别是当你不想出现，或没有受到鼓舞的时候。

当你觉得没有受到鼓舞、提不起精神的时候，请你出现，并且去做你的工作。这也没什么大不了。因为鼓舞人心是胡扯。我所认识的每个擅长自己分内工作的人，都不是因为他们拥有小精灵，或是有特别厉害的魔法才擅长做这些事。**他们之所以擅长，是因为尽可能频繁地去做他们所做的事。**

为了成为一名更好的作者，我每天大约会写五百字；为了成为一名更好的网页设计师，我会在每次接到项目时去从事设计。有时候，做出来的是可怕的东西，是我不会跟任何人分享的东西。但是，有时候我写的东西值得分享。如果我工作得够久，那么我的设计就会达到我很乐意跟客户分享的程度。我每一天都会努力地解决问题，以提高我把工作做得更好的概率。有时当我不想创作、不想执行，反而能生产出我最好的作品。

如果我不尽我所能地经常出现，并且去做这些事，我最好的工作成果可能就不存在。

## 思考笔记

状态不好的时候，我会继续工作，还是会休息一会儿？

如何才能擅长做一件事？

# 23

# 将工作拆解成小任务

身为一名网页设计师，我的工作需要我“根据需求去创造”。总会有最后期限与可交付成果，因此我需要为雇用我从事每个项目的客户开发从无到有的资产。即使某一天我没有灵感或创造力，我仍然会坐下来做这项工作。

在这种情况下，我会从小处着手，或许是从挑选字体开始。接着我会选择最适合这个项目的颜色。再后来，我会把颜色跟字体放在一起，看看它们的搭配效果如何，并尝试以不同的大小与风格，去设计标题和段落内容。

把我的工作拆解成许多微小部分，让它变得不像是一项浩大的创意工作，而更像是我可以完成的许多小任务——即使缪斯女神没有坐在我的肩膀上。**我从微小部分开始，从那里开始发展，直到我完成这项工作为止。**

当你把项目拆解成最小的任务时，你会很惊讶，这种策略的成功概率有多么高，以及处理起工作会变得多么容易（尤其是创作型工作）。它会让人觉得没那么可怕，例如你不必无所事事地转动你的拇指，等待灵感降临。

## 思考笔记

我一般如何做工程量浩大的工作？

想一想，我在工作中有哪些比较成功的案例。

# 24

# 接受他人建设性的批评与反馈

你的工作成果不应该珍贵到不能受批评。如果是这样，也许你应该把它藏起来，不要与人分享（创造这种工作也很有价值的——只为自己做的工作）。但是，如果你的作品本来就该跟这个世界分享，那么你应该知道，它将会面临批评。

意见反馈只会让你变得更强大。你必须有能力捍卫自己的想法，知道它们该如何在更深入的调查中站得住脚，并且为他人提供价值。**没有经过考验的观点，鲜少有值得保留的价值，因此面对一点点的批评，只会让你的作品变得更加强大。**

如果我的工作如此珍贵，以至于不能接受建设性的批评与反馈，那么我就不该把它当成工作来做。

不过，这可不容易。**但是在多数时候，我们需要把自己的情绪跟工作上的反馈意见分开。**我已经这么做了将近二十年，并且直接面对那些可能喜欢或不喜欢我所提出的想法的客户。

我就可以做出我认为是有史以来最好的网站视觉稿。我可以花好几个小时努力说服我的客户，以确保他们能够接受它，并且把它用在他们的业务上。但是有时候，我做的设计仍然不适合他们，我必须报废，然后从头开始。

如果每次发生这种事情，我都要愤怒、生气或不高兴，那么我会浪费太多时间，无法集中精神。相反的，这些批评表示我的工作没有提供它应该提供的价值，所以我会继续前进，再试一次。没错，有时候你努力做一件有创意的事，却只是看到它被否决，这种感觉实在糟透了，但是我从来没有停留在这个念头上超过几分钟。

## 思考笔记

工作中，我是如何控制情绪的？

我现在能平心静气地看待来自外界的评价吗？

# 25

# 展示真实的自己，是现在就应该做的事情

听取有建设性的反馈，但不要理会你内在的批评声音。马上结束对批评的喜爱，因为它不适合你。这世界需要你去创造，而非不断地修改自己所做的事，只停留在你看到的缺点上。

我们需要你。不是你应该成为的那个你，不是你认为我们希望你是什么样子的那个你，而是真实的你。那个有点吓到我们的你，因为他很真实（甚至有点奇怪）。

做真实的你很重要，因为这能让你更容易与自己的价值观保持一致，也更容易持续从事有意义的工作。**摘下面具之后，留下的就是独特性与吸引力。**

你不能等以后再做这件事，你不能等你已经“成功了”，才展现真实的自己。你必须现在就做自己，这是你该为自己做的。

我们总爱沉溺在自己的缺点中，因为这比跟全世界分享我们的工作更容易，也比较不会受伤害。当我们完成了某个作品，会直接对自己说“这不够好”，然后把它藏起来，因为这种做法比较安全。但是，这却剥夺了我们对这个世界的看法，也剥夺了我们可能为其他人真正带来改变的事物。

请马上结束你对内在批评声音的喜爱。在它杀死你之前，让它的声音停下来。

## 思考笔记

我如何看待“自己的面具”？

我的朋友在我面前足够坦诚吗？

# 26

# 敢于冒险是一种了不起的勇气

如果在字典里查“脆弱”这个词，你会觉得脆弱是很糟糕的东西。



脆弱的定义从“容易受到创伤或伤害，例如被武器伤害”，到“容易受到攻击或袭击”，再到“容易受到感情上的伤害”。这些定义听起来都像是有可怕的后果，难怪我们会避之唯恐不及。

如果你把负面的潜在结果从定义中移除（字典，可不要妄下结论），那么脆弱其实就只是暴露。它让你把自己暴露于情感中，暴露于其他人面前，暴露于不确定性中，暴露于风险中。当你不确定接下来会发生什么事情时，你需要挺身而出去冒险。

我们为什么要这么做？我们为什么要让自己表现得那么坦诚？这么做有可能会导致失败，让我们受到嘲笑或发生各种坏事，甚至可能招来武力攻击吗？既然不能保证脆弱会带来任何好处，那为什么要自找麻烦呢？

我们的社会通常把脆弱视为一种弱点。多数人认为，强大的人不会那么毫无防范。但事实上，情况正好相反。

**为了表现勇气，我们必须在不知道结果的情况下先冒险。**脆弱是驱使我们的动力，它让我们有所行动，开始新的冒险，以及最重要的是，做出选择且承认我们的选择。愿意尝试新事物是我们最大的勇气，因为我们必须毫无防范地敞开心扉，去看看会发生什么事。

在别人身上，更容易看出脆弱或许是一种力量。我们敬佩脆弱的人，因为他们承担了我们希望自己能承担的风险。但是，当我们把镜头转回自己身上时，我们宁可相信脆弱是社会上普遍认知的软弱。

如果我坦诚布公，毫无保留，然后我失败了，那么大家会瞧不起我。

我们以为别人冒险或展现勇气是一件很容易的事情。我们宁愿躲在安全的地方，空想或写些有关脆弱的问题，而不是真正去行动，在自己的生活中付诸实践。



布琳·布朗博士（Dr. Brené Brown，请看她 2010 年的 TED 演讲）研究脆弱的议题已经超过十年。在她的大量研究中，发现其中一大关键是，没有任何一个关于勇气的实例不需要脆弱。

当我们越了解勇气与脆弱之间的关联，我们就越能意识到它们不是对立的。

想要有勇气，就要学会脆弱。



尽管我们知道，即使我们做得够多，我们最终还是会失败（或一开始就立刻失败），但我们依然会尽最大的努力，这就是一种真正了不起的勇气。

你今天脆弱了吗？

## 思考笔记

我如何看待脆弱?

我心目中了不起的勇气是什么?

# 27

# 可以减轻压力的思考方式



我会制作一些东西并与别人分享。有时候是书、照片或网站，有时候则是食物。我试着不被贴上标签，不被加上一些期望，或不被我所做的事情限制。这些都是未来的事，如果在事情发生之前就去想，不仅无济于事，还会影响我的正常工作。



几年前，我在不了解如何写书、自助出版，甚至是最重要的部分——烹饪的情况下，写了一本食谱。我没有受过正规培训，我不是厨师，而且我从来没在任何专业的厨房里待过。我只是想写一本好的食谱，同时回答人们有关素食饮食的问题。我不认为自己是作家或厨师，现在依然不这么认为。我只是喜欢制作一些东西，只是这东西刚好是一本纯素食的食谱。

如果我创作时只活在当下，不担心发布到大众面前会发生什么事，那么我要注意的就只是确保这个作品符合我的价值观。

这种思考方式可以减轻压力。它消除了围绕在我所做的事情上制定目标的需求。它也使成功变得无关紧要，因为我不是一名要出版代表作的厨师，我只是一个热爱美食，而且想分享一些美味食谱的人。我不可能失败，因为我很享受整个过程。

一开始，我对于成为一名专业作家（实际上这代表我的写作能获得报酬）并没有想太多。如果想很多的话，我可能就不会开始，因为那是一个可怕的想法，而且脆弱的程度可能是我还不能欣然接受的程度。如果我的书失败了怎么办？如果人们说我的博客文章全是错的怎么办？我优秀到能成为一名真正的作家吗？我敢肯定，我无法承受那张标签的重量。所以，我只是写写而已，没想那么多。

如果我的价值观是做好事与帮助人们，那么食谱书里有很多美味的食物，它可以帮助想学习新的素食食谱的任何人。

## 思考笔记

我有什么方法给自己减压？

我比较欣赏的作家是谁？

# 28 坚定地测试自己的想法

如果你只把想法当作实验，严格来说，你绝对不可能在任何事情上失败。你只是通过实验，证明或推翻一个你得到的理论。如果第一次不成功，你可以反复改良，尝试不同的事物，直到它发挥作用，才算成功。

没有公式可以确保你做的事会成功。你所能做的事，就是产生想法并且测试它们。无论成功或失败，至少你已经完成了必要的工作。

**坚持不懈是成功人士最重要的特征。**几乎没有人从一开始就能成功。大部分的人会尝试、失败，再尝试、失败，再尝试……他们的故事背景充满错误、偏差以及否定，直到没有错误为止，他们会一次又一次拾起拼图盒。他们会不断选择一条新的道路，直到那条路通往某个好地方。

如果结果不是你想要的，或者结果让你不满意，那么你现在是自由的。当你在构思一个想法时，你会着迷于将它付诸实践。“现在我已经太失败了，不能更失败了！”这是人们热衷的思考方式。但是，如果真的失败了，那就把所有的拼图拿出来，从头开始就好。你可以用完全不同的方式，尝试不同的拼图。你可以回到书的开头，重新选择一条新的路。既然有一条可以回避龙的路，这次你就可以避开它。

## 思考笔记

生活中，试错的机会多吗？

我比较看好成功人士的哪些优秀品质？

# 29

# 不要忽视长期摸索的作用

**我把焦点放在眼前的任务上，而不是最终的结果。**专注于过程可以带来意外的新发现与个人的探索。否则，我可能会无意中采用主观的想法，主观地希望某些事情会变成什么样，而不是去寻找长期摸索后的最佳发现。



我尽量避免一边创造一边评判。创造与评判是非常不同的思维过程，而且可能会互相干扰，因此它们必须分开进行。我会先实验并探索每个想法（把它写下来，画出来，试着去做）。接下来，我才会开始进行编辑、策划及评判，以改进与完善这个想法。

如果想得到不同的结果，就必须稍微改变一下实验

——重新定位受众，使用不同的工具，或者尝试全新的想法。

**我会把实验尽可能地拆解成最小的任务。**接着，我会彻底地执行每一个小任务。一直到最后，我才会把这些所有的小任务连接在一起。这样做可以防止我因为处理太大的项目，而感到不知所措或害怕。

我会记得这只是实验，它们不是专业的商业构想。首先，我会找出方法，尽我所能使用最少的资源来进行实验。能够让我快速做出原型的构想核心、或构想的本质是什么？然后在进一步发展之前，我会尽可能把这个原型摆在更多人面前进行展示。

也许我很快就会失败，但我不会重复实验。除非我改变一些可变动因素，否则相同的实验不可能得到不同的结果。如果我尝试一个想法，而它失败了，我应该改变做法或者换一个新的想法。一遍又一遍地做同样的实验，却希望有新的结果出现，是没有意义的事。

## 思考笔记

我做事的时候，会一直盯着结果吗？

我有哪些失败的尝试？

# 30

# 为什么相对于星巴克，我更喜欢蓝瓶咖啡？

我们的意图对别人来说总是很明显。我们通常是可怕的骗子，而且有时候我们只是在自欺欺人。在开始任何实验之前，先评估一下你为什么想要这么做，这是个明智的做法。你想达到什么目的？这个实验跟你的价值观如何保持一致？

开咖啡店就如同它外观上看起来的一样潮。它能提供很好的例子，说明企业如何通过意图来塑造形象。你几乎可以在任何地方买到一杯咖啡——从加油站到时尚的地方特色咖啡馆，再到大型企业连锁店，甚至是大部分的冲浪店。尽管它们的共同商业目标是维持获利，但它们的意图却截然不同。

蓝瓶咖啡（Blue Bottle Coffee）的宗旨，就像在说我们应该在大众交通工具上让位给老年人，并且每天使用牙线。相比之下，星巴克就会使用华丽的企业语言来描述它的高标准、道德，以及不同凡响的产品。你猜我宁愿到哪里喝咖啡呢？我觉得星巴克就好比汽车、计算机甚至是社群媒体一样，明显缺乏热情，而且它所使用的华丽营销语言没办法欺骗任何人。

就算是没有看过《广告狂人》（*Mad Men*）影集的人，也可以感觉到这两家咖啡公司的意图完全不同。星巴克可能会花很多钱来调整好它们的调性，但它们依然让人感觉是一家试图向你推销咖啡的公司。但是，蓝瓶咖啡给人的感觉就像是非常热爱咖啡的人想卖给你一杯你也会爱的咖啡。

我们的意图就像是一颗红色的球，盖在三个塑胶杯底下移来移去。我们总是喜欢认为自己是伟大的魔术师，可以欺骗我们的观众——其实对任何玩游戏的人来说，这三个杯子都是透明的。

意图说明了为什么销售话术听起来就像销售话术，以及为什么大多数广告马上会被认出是广告。**我们天生就能理解其他人真正想要什么。**

那么，为什么不去追求一些好的东西呢？这样一来，就算人们看到了你的意图，他们也会对你的意图感到舒服，而不是生气或失望。

当我们把自己的热情、幽默、恐惧和爱心投入工作中，就代表着更重大的意义，也更能引起他人深刻的共鸣。为什么？因为它变成我们与我们的受众的凝聚点（rallying point）。不妨这样想：唱片公司要一个乐团写一首歌，这首歌是关于一个名为珍妮（Jenny）的虚构女孩的歌。这个乐团向全世界发行这首歌。后来，作曲者爱上了一位名叫丽莎（Lisa）的女孩，并且为她写了另外一首歌。他们也发行了这首歌。你认为哪一首歌能建立更紧密的联结？你认为哪一首歌会更受欢迎？

如果你的工作以帮助他人为基础，毫无疑问的是，你应该表明这个意图。人们反而会被你的工作吸引，因为我们都有点自私，希望我们的痛苦能早点消失。但是，如果你的工作是专注于赚钱，人们就会发现你只是想拿走他们辛苦赚来的钱。

你当然可以追逐金钱、名声或流行之类的东西；这些事情没有错，甚至也没有什么不好。但是你最好能像魔术师大卫·科波菲尔（David Copperfield）一样，隐藏你所做的事的这些意图。否则，你必须完全公开地承认它们，想一想唐纳德·特朗普（Donald Trump）的例子。

## 思考笔记

我喜欢的一个饮料品牌是什么？

公开追逐金钱和名声是明智的吗？

# 31

## 别人实验失败的事情，还有必要做吗？

你可以说服自己，如果有人已经尝试走了某条路，而且失败了，那么你也不需要尝试走这条路。你把他们的失败，视为此路不通的证据。

但是，就像你不会跟别人走同一条成功之路一样，同样的逻辑也适用于失败。

你必须自己尝试才能获得有效的结果，才能看看到底会发生什么事。你可能会留下一些疤痕，但至少这些疤痕会成为你旅途上看得见的证明。

## 思考笔记

他人的失败对我没有参考价值吗？

我如何看待“二手的实验”？

# 32

# 我如何验证一个想法？

我通过尝试来验证我的想法。我大部分的初步构想，几乎不需要花钱，只需要花时间去探索。如果我很享受做这项工作，那么时间就花得值得。

我通过启动这些想法来验证它们——每个想法都可以被浓缩成，你几乎无需任何金钱与一些准备工作，就可以开始的想法。因此，我先从构想的本质开始，跟其他人一起测试它，然后看看会出现什么结果。接着，我的想法可能会奏效。

有时候，成功的工作可能会带来比较少的创新，接着真正的制作会停止。你会变得更像一条工厂里的生产线，而不是有意义的创造者。

**追求完美是没办法推出的最大借口**。我们会说，只要再多几样完美的东西，那么它就可以准备好卖给其他人了。只要我们能再好好解决这部分问题就好。

完美会阻碍你推出自己的作品，因为它容易让你不断回头、没完没了地精益求精。事实是，除非经过测试，否则完美根本不存在；即便经过测试，可能完美也依然不存在。停止追求完美。停止专注于无关紧要的小细节，这些小细节会阻碍你想出伟大的点子。

## 思考笔记

我一般在什么时候会推出自己的作品或产品？

我有什么方法可以验证自己的想法？

# 33

# 用自己的专业知识解决别人的问题

如果有足够多的人向你寻求协助，而且如果你全职从事帮助人的工作，那么帮助人们可以成为全职的工作吗？这听起来像是超级英雄才会做的事。当你证明你的事业原型具备牢固的基础，你就可以在这个成功的基础上发展，开始销售网站或者汽车。

当你用自己宝贵的专业知识解决别人的问题时，你也同时满足了许多人的需求。他们会告诉其他人你是如何帮助他们的，接着，会有更多人向你寻求帮助。

所以从现在开始，立刻去帮助别人吧。

## 思考笔记

我心目中的超级英雄是谁?

# 第三部

# 艺术、技能及热情

EVERYTHING I KNOW

创意是允许自己犯错。艺术是知道该保留哪些创意。

——斯科特 · 亚当斯（Scott Adams）

# 01

# 每位企业家都是艺术家

如果你是以自己的方式工作，那么，你不会对现状感到满意。也许你的脑海会浮现如何让某个人变得更聪明，或者让某件事运作得更好的想法。那太好了，再制造一些麻烦吧。

**从事属于你自己的工作很重要。**创新来自开始、说出或尝试某些新事物——而不是效仿别人已经做过，或者对他人有效果的事物。所以，做一个制造麻烦的情报员吧，选择跟别人不一样的路。这需要极大的创造力，但幸好你可以尽可能地展现你的创造力。

## 思考笔记

创新的想法来自哪里？

## 02

## 什么是有意义的工作？

我不相信“追随你的热情”。我讨厌这个建议，而且这是可怕的建议。热情很好，但需要经常检视。你的热情是受到外在的奖励（比如财富或名声）所激励，还是受到内心的核心价值观所引导？不过无论是哪种方式，光拥有热情是不够的。

相反的，你应该找到交会处——也就是有意义的工作，与能够帮助且愿意为你的产品或服务付费的人的交会处。

仅仅你对某件事感到兴奋是不够的，其他人（你的受众）也要足够兴奋，且愿意为此付钱给你才行。你可以创造出一件非常令人兴奋的产品，让你每次想到它都会发出幼稚的“高分贝尖叫声”。**但是，如果没有任何人想购买它，那么你就无法用它做生意**。

要到达交会处你需要大量的技艺。你必须擅长做某件事。你当然可以对它充满热情，但是你也必须熟练。否则，请把它当成业余嗜好，在你休息的时候好好享受就好。你永远不必跟任何人分享你的嗜好，或者利用它们赚钱，这就是嗜好的美好之处——它们可以只属于你自己。

如果你还不怎么擅长你的技艺，还不足以让它成为全职工作，那么请问问自己，你是否愿意投入更多的时间与精力，去成为世界上最擅长的人。如果你愿意，那就继续做。如果不愿意，就去找其他的事吧。

当你付出时间与努力后，你依然没办法接近最佳状态，那就找些不一样的事——并不是每个人都擅长每一件事，而你只是还没有找到你的最佳打击点，因此你必须适应情况去做出改变，试验新的事物。你不必成为世界上最好的，但是你必须以显著的方式不断改进。

尽可能试着产生更多的想法。致力于定期发展新想法，最终你会找到一件自己有兴趣且擅长做的事。你必须以经常现身执行的方式来增加提升的概率。

**热情是一种有点微妙的东西。**举例来说，即使工作本身不是你着迷的东西，你还是可以对工作过程或参与其中的人充满热情。你可能会爱上它的本质，而不是爱上它的表面，尤其是当它处于你的技艺与热情的交汇处。

**找到可以满足你的兴趣与技艺的交汇处，并找到愿意为你的时间、工作、产品或服务付费的受众。**

## 思考笔记

我在从事自己既擅长又热爱的工作吗？

我愿意将热情用到哪些地方？

## 03

# 有没有人用金钱来认可你工作的价值？

2007 年，我跟两个朋友一起创办了一家公司。其中一位是程序设计师，现在在推特上班。另一位是市场营销人员，已经创办了多家成功的公司。我们都知道我们各自的工作能力。

这家公司是为环境友善企业提供服务的在线广告网（在关注环保的博客上投放广告）。我感觉这是个完美的点子，因为我一直在参与环境慈善事业，环保是我非常关心的一件事，所以，建立一个注重环境保护的科技公司，跟我的价值观与专业技能相符。我们甚至把慈善捐赠跟公司的商业模式绑在一起，因此当我们公司的收入成长时，我们对环境团体的捐赠也会跟着增加。

**有时候，拥有精妙的技能只是公式里的一部分。你还需要有受众愿意花钱来交换你的工作成果。**

当时我的那些合伙人是我的好朋友，而且还是成功人士（他们现在仍然是）。我们拥有最好的设计、可靠的程序码，以及适当的策略，能为我们的产品建立受众与消费族群。

我们花了几个月的时间做准备，开发出完美的解决方案，让我们的受众也对我们的方案感到兴奋。我们拥有一些有兴趣把广告投放到我们的网络的公司，同时也拥有一些高流量的出版人与博客作者，他们热切地希望在他们的网站上刊登“绿色限定”的广告。

然后，2008 年 9 月到来，全球金融市场大崩盘。即使没有受到直接的冲击，许多公司的广告预算也都萎缩甚至消失了。

我们产品的经济利益变成零。在试图寻找新的广告客户几个月后，我们被迫放弃了这个计划。我们打造出我们认为不可思议的产品，而且这项产品完全符合我们的价值观与热情。但是到最后，没有受众愿意或能够为这项产品付费。

我们三个人都把我们的技巧与能力带到这项计划中，但是目标受众没有看到足够的价值或必要性来完成交易。由于金融市场崩盘与发生变化，我们的企业没办法站稳脚跟。

我与我的合伙人投入这项工作，但最后却失败了，因为我们无法在经济紧缩的环境下，说服受众相信它的价值。

## 思考笔记

未来，我想用什么技能去赚钱？

写下我曾经的或想要拥有的创业经历。

# 04

# 你的工作就是你的故事

只有身为独立个体的那些人（不是匿名的“群众”）会想跟你建立关系，所以不需要费心去取悦每个人，也不需要说服每个人都喜欢你所做的事。取悦每个人是不可能的，而且去取悦那些从一开始就根本不在乎的人，很容易让人感到沮丧。

**你的工作就是你的故事，是通过你独特的视角来描述的故事。**有些人会不认同你，有些人会认同你。根据你的价值观明确划定你的立场，并忠于你的信念。现在，跟你站在同一边的人就更容易分辨出来。他们是你的受众、盟友、宣传者以及朋友。

唯一可以设定与分享你的工作的人就是你自己。这就全靠你了。这可能是可怕沉重的事，但革命是必要的。没有革命，任何事情都不会改变，世界也将会变得很无聊。

想要真正了解你的工作是否能跟人建立关系，以及它如何跟人建立关系，唯一的方法就是去做，然后把它展示出来。

## 思考笔记

我想跟什么人建立联系？

工作方面，我坚守着什么信念？

# 05 找到与你的事业息息相关的人

你的事业与你的人有关。它不只是关乎你或你所做的事，它还关乎这项工作可以接触的每个人。这是关于他们的故事，以及他们如何使用你所制作出来的东西——你所做的东西如何帮助这整群人，而不只是你自己而已。

斯里尼瓦思·劳（Srinivas Rao）称这些人为你的小部队。这些人是在你的工作中发掘价值的人。他们是了解你所谈论的内容的人。最重要的是，这些人是会现身在你创造的工作成果上的人。他们会跟它互动，甚至购买、宣传与分享。

这些人是你的皇室成员，因为他们愿意听你说想说的话。当你划定立场时，这些人就是站在你身边的人。他们会告诉你，你不是独自一人在做你所做的事，而你也会告诉他们一样的话。

寻找你的人可能很困难，你应该先问自己几个问题：你喜欢跟谁在一起？你的工作能怎么帮助他们？你天生跟谁有关联？谁是你更亲近、分享更多内容、让你表达诚实的想法的人？



你的人不一定是在社群媒体上关注你的人。事实上，你也许甚至没有跟他们当中大部分的人进行过任何交流。他们可能是购买你最近一件作品的十个人。如果他们跟每一个他们认识的人说，他们知道你所做的工作，那么他们肯定是你的人。

**你的人不需要是很庞大的一群人，小部队就好**。先跟他们单独联系，以此为起点。如果他们需要帮助，就帮助他们；如果你所做的事不再能为他们提供服务，那就重新调整你的工作，并尽可能地在任何时候都诚实地对待他们。

我的人就在我的邮件名单上。这是我最喜欢交流与互动的地方。当然，这只是一小群人，但他们是最先给我反馈的人，是使用我提供的产品或服务的人，也是单纯与我交流的人。我曾经跟几十位订阅者进行电话交谈，这么做只是想增强我与他们互动的乐趣。如果我的社交媒体账号明天可能会被夺走，我不会因此感到不安，但是如果你想拿走我的邮件名单，你必须把我冰冷、僵硬、无法连到网络的手指用力掰开，如此你才能拿走它。

## 思考笔记

我目前找到“我的人”了吗？

我想做一份与谁相关的工作？

# 06

# 要凝聚人心，就要扛起自己的旗帜

你是否还记得中古时期的一场战役（我也不记得，但请紧跟着我），当时你正身处战场，你正面临失败或感到困惑，这时突然有人举起你的旗帜。

当时你冒出一股战斗的冲动，想再努力一点朝着那面旗帜迈进，你衷心希望有更多跟你站在同一阵线的士兵会做相同的事。

**接着这面旗帜变成了指路明灯，它立刻被视为一个共同的目标。**你会想，我一定要到达我的旗帜，接下来你就会被有同样心思的人围绕（在这种情况下，这些志趣相投的人不会想杀死你）。自此之后，你就可以朝共同目标更进一步。

把旗帜当成传播消息的工具与凝聚人心的符号，这个想法就如同上述的历史文化一样古老。

旗帜不只是精心设计、带有漂亮标志的布料，它们公告了一个可以马上被认出来的想法。它们所代表的意义，比它们的外表更重要。你要么就是相信它，然后站在它后面；不然就是没有共鸣，知道那不是你的旗帜。这是黑白分明、已成定局的事情。

中古时期，基本上每个人都穿着相同的盔甲，因此很难分辨你应该帮助哪些人，以及你应该拿起剑对付哪些人。旗帜可以用来区分这两者。

即使到现在，仍然很难分辨谁是你事业上真正的受众，以及谁肯定是最不符合的人选。但我喜欢这样的想法：把你的工作焦点放在一个“凝聚点”上。这不单纯只是品牌、传递讯息或企业目标。它是一条划定立场的线，一边包含你的工作与其象征的价值观，而另一边则是其他所有不适合你的人或事物。**它可以立刻说明谁是你的小部队里的一部分。**

要在沙子上画出这条线，也许是很可怕的事——尤其是当这关乎你的事业的时候。这么做会让你立刻疏远某些人或一整群人。但是高举旗帜很重要，因为对于你的人、你的部落，以及你的受众来说，旗帜就是灯塔。你把旗帜挂起来，他们就知道要去哪里找你了。

对一个并非中古时期的企业而言，凝聚点会长什么样子呢？让我们看看有些公司的宗旨说明，像是lululemon（一个瑜伽服装品牌）的宣言。如果你不喜欢瑜伽，不喜欢流汗，也不喜欢积极向上，那么你就不会喜欢它所说的话——而且你也不可能买任何一条它们家的裤子（除非你喜欢很薄的裤子）。但是，如果你喜欢瑜伽，喜欢流汗，喜欢积极向上，那你可能会了解它们，然后可能会想，“见鬼了！没错，就是这个”，接着你可能会穿上这个品牌的衣服。

不过，凝聚点不需要像宣言一样那么具体。在我自己的公司，其实我只是借由在我的博客上写下很多观点，来定义我对设计、SEO 和程序设计的想法。

如果有人想跟我合作，然后阅读我对我所在的行业的看法，结果却不认同……那么他们可能不适合我，而且跟他们合作可能会让我抓狂。

但是，如果有人找到我，赞成我所说明我在做的事情，我们接着可能会一起启动一个项目——我保证这个项目至少会从共识与理解开始。



多年来，我的标志已经改了很多次，甚至消失过很多次，但我所坚持的主张从未动摇。我一直致力于简单且直接的设计，为使用者提供服务，而不是为改良网页提供服务。

凝聚点可以是你的价值观，是以某种形式表达的内容——写作、影片、摄影等。甚至可能只是你跟别人交谈的音调。它可以以任何形式呈现，用来让你的人知道，他们是你的人。



MailChimp（通过电子邮件提供 RSS 的在线工具）的

“Voice & Tone”网站是一个非常好的例子，它是非宣传型地凝聚内容。它不是一个具体的想法或价值观，即便如此，公司的宣言也能体现出来。凝聚点可以单纯只是，你愿意在一对一的基础上与人沟通。

**最好的营销永远是具有自己的立场。**这不只是销售产品或服务，而是告诉受众，为什么只因为他们认同你的做法，他们就要不惜任何代价来购买产品或服务。就像 Chipotle（一个快餐店品牌）的短片《稻草人》（*The Scarecrow*），片中对于墨西哥卷饼的着墨比较少，反而更着重于公司为什么要卖墨西哥卷饼。

你的目标也许有一天能够实现，或者可以调整它们到发挥作用，但是，你的凝聚点必须跟你做的事情背后的价值观与意义相符（而非只是你做的事情的具体内容）。它们是明确且显而易见的，因此无法忽视。它们是大胆的声明，说明你的工作不只是工作，更是做这件事的首要原因。

你的凝聚点是什么？当你高举你的旗帜时，它会是什么样子？而谁又会被它吸引呢？

## 思考笔记

我有没有自己的旗帜或者能凝聚人心的东西?

我心目中最好的营销是什么样的?

# 07 按步骤完成拟订的计划

当你有很多想法时，你很难选择要进行哪一项。不过，更难的是贯彻并启动你提出的想法。

任何计划一开始都充满了热情与努力。一切看起来都很神奇。当你在探索新鲜的事物时，要把你的心思从新奇的事物上转移是很难的事。

但接着，这种热情会无可避免地消退一些。当这项工作开始真的像工作，你甚至会放弃这个计划，不是以大动作方式删除，只是越来越少从事这个计划，直到你忘记它还存在。

我（通常）会做一些重要的事来避免对计划感到倦怠，以帮助自己保持专注，且快速地从构思阶段转移到启动阶段。

在我探索一个想法之前，我会坐下来思考一下：**我的意图是什么？引导这些意图的是什么？**是外在还是内在因素在引导？如果我能度过这个阶段，我就能想出尽可能把计划拆解成最小步骤的方法，这样一来，每一个单独的任务就不会显得那么吓人，或让人觉得需要神的鼓励才能继续下去。

**我也喜欢在完成每个小任务后奖励自己。**或许是在社群媒体上花十分钟跟朋友聊聊。或许是穿着 lululemon 的裤子，做瑜伽休息一下。

在进行计划期间，我也喜欢回顾我最初的意图。尤其是在你觉得你不应该继续进行的时候，重新聚焦，并想起当初的理由是好的。

想完成任何计划，最重要的部分就是说“不”。如果我正在执行一个想法，我几乎会对所有事情说“不”：新项目、新客户、社交活动……那些基本上会把我的注意力从我正在做的事情上转移到任何事情上。我会休息，但是休息跟影响我完成工作的事情是有区别的。我会说“不”，这样才能对我正在做的事情说“好”——或者对我想追求的事说“好”。

如果一个想法真的没有效，我可能会试着接受最终结果或调整我的期望，因为它们或许是不切实际的。或许受众看不到我所做的事情的价值，没关系，因为这只是一个实验。我可以反复改良、改变一些变量，或者转身离开。

## 思考笔记

我有没有已经拟订的创业计划？

我该如何激励自己完成一件事？

# 08

# 知道什么时候该一刀两断

有时我们的工作达不到效果。爱因斯坦说，用相同的变量做相同的实验，却期望得到不同的结果，这就是所谓的疯子。放弃一个计划是很困难的事，但为了替新想法腾出空间，有时候这是必要的事。

**挫折从来都不是放弃的好理由。**如果我觉得沮丧，我可能会离开一下，但我从来不会因为气馁就认输。

有时候某些工作不值得我付出时间和精力。我会解雇客户，因为这个工作对我们两个来说都不合适。我们的价值观终究不一致，或者我们根本无法有效沟通。虽然这从来都不是容易的事，但有时候为了让对方找到更适合他的人（如此一来他们就能得到更好的结果），一刀两断是必要的，同时也可以为那些更适合你的项目留出空间。

## 思考笔记

我会因为什么放弃一份工作？

我看好的工作项目有哪些？

# 09

# 珍惜宝贵的时间和精力

**我们的时间与精力都不是可再生的资源**。一旦我们用了，就没办法再把它们找回来。这也就是为什么我经常说“不”。我会无情地拒绝设计项目与写作工作，因为我知道如果我做出超过自己能力的承诺，我的工作就会受到影响。如果我对某些事说“好”，而我的时间与精力却可以更适当地用在别处，那么我只能怪我自己。

有时候我们不能拒绝——特别是当我们刚起步的时候，我们想说“不”的事情可能是将来必须努力的方向。能说“不”的先决条件是你有其他选择——而房贷、孩子、承诺，以及其他生活状况都可能会限制你的选项。但是，当我们靠我们的技能工作，为我们的受众提供更深层的价值时，更多的选项往往就会出现。

当你开始发展你的技能与专长，你大概会拥有更多的时间与精力。所以，对任何到你面前的工作说“好”是件好事。不过，当你沿着你的路走得更远时，你的时间与精力会变得更加宝贵。你应该决定什么该答应，什么该拒绝，因为这最终会决定你从你做的事情中能找到多大的意义。**做错误的事情太久，会让工作变得缺乏个人意义。**

选择接受或选择拒绝是要负重大责任的。开口拒绝是很可怕的，因为它让你失去一个机会。拒绝了工作等于拒绝了一张支票。我们担心如果拒绝眼前的工作，可能就没有其他项目了。

可是，我仍然会拒绝，因为这样我才能去做符合我价值观的事，以及去做我喜欢做的事。我也会接受我很乐意签上我的名字的工作。我在跟接受与拒绝进行一场长期比赛，因为打造一人公司的工作需要花一辈子的时间。

## 思考笔记

我对自己时间和精力的看法是怎么样的？

生活或工作中，我是一个敢于拒绝的人吗？

# 10

# 在专家与默默无闻之间如何抉择?

你可能会觉得自己像个骗子——觉得自己不够好，无法胜任目前你正在做的工作，或者因为你不是专家，所以觉得你的观点不能让人信服。

其实，没有真正的专家，他们只是在个人的旅途上走得更远。我保证，他们有时候也会觉得自己像骗子。但是如果你很擅长你的工作，人们也重视你的意见，那么恭喜你，你跟专家是同一群人。

你不需要拥有学位、出版合约或主题演讲请帖来证明你自己。自信，就代表单纯地相信你的工作与得来不易的经验，同时承认你没有完成的学习。专家也可能一直是错的，他们也可能会害怕。

**你不需要为了要有自信，而去证明自己是对的**（政治家就是很好的实例）；你只需对某件事情有足够的了解，可以提出你的观点——然后你必须接受这个观点可能是错误的，且愿意随时做出改变。

如果你还没有一位重视你的观点的受众，那么，你其实正处于一个美好的地方。好好陶醉在默默无闻之中吧，因为这代表你可以自由自在地尝试，并且在没有太多人关注的情况下失败。这是个大好时机，可以让你试验原型，尝试许多疯狂的想法，以及做一些可能很稀奇古怪的工作。专家会拥有对他们留下深刻印象的群众，会有很多双眼睛注视着他们的一举一动，这也会让他们处于危险之中。

这两个群体各有其优点与缺点，不管处于哪一个群体的人，有时候都希望自己能在另一个群体里。别人家的草永远比较绿。

## 思考笔记

我想不想成为某一领域的专家？

我会向谁去证明自己是对的呢？

# 11

# 能够阻碍我们的只有自己

每个行业中，“守门员”大多在消失。过去为了分享我们所创造的东西，出现了必要的唱片公司、出版社和投资者，如今门槛已经不复存在了。**现在，我们可以直接与世界各个角落的人联系。**

让我们把这个新的现实再往前推一步：如果这个世界没有出版社、唱片公司、投资者、评论家，甚至没有“网络喷子”，那会怎么样呢？如果评论别人的工作是违法的，那会怎么样呢？你会做什么？如果你希望这样的世界成为现实，那么它就可以存在。

我们可以自由地分享我们想分享的事物，能够阻碍我们的只有我们自己。所以，你会分享什么呢？

## 思考笔记

我有没有想公开分享的事物？

# 12

# 专注于做事，其次才是宣传

没有“守门员”，简单的公共平台可以供我们分享我们的工作，进而迫使我们成为宣传者。这么一来会缩短实际的创作时间，有时候也可能会让创作发生改变。



社群媒体宣传已经变得跟“保持冷静，继续前进”（Keep Calm and Carry On）的模因（meme）[1]一样无处不在。我们都被社群媒体的宣传连续轰炸，以至于我们干脆忽略它，让它变得毫无用处。

在我为自己工作的前十年当中，我没有做任何的宣传。我甚至没有使用社群媒体（因为当时社群媒体存在

1. 在同一个文化氛围中，人与人之间传播思想或行为。——译注

像 GeoCities[2] 这样的地方）。我只是专注于为我的客户制作最好的网站。

不幸的是，专注于热情的企业家可能会对他们所做的事充满热情，以至于他们想要不断地告诉大家，他们正在做什么事。

**做好某件事，可以归因于反复改良与创新，而非不断宣传你已经做过的事情**。虽然有一个可以散播好消息的地方，但是它的优先顺位，不应该排在构思与创造杀手级的新事物之前。

2. 一个网页寄存服务公司。——译注

## 思考笔记

我该如何对待网络上的宣传信息？

# 13

# 最初的想法来自哪里？

当我开始做设计的时候，网站并不多，但我经常去查看它们的图与源代码，看看我是否能复制它们。我会一次又一次地这样做，直到我可以有效地复制这些网站。接着我会努力让它们变得更好、更快、更符合我自己的风格。

我应该这样做了好几百次——在我自己的计算机里私下做。当我觉得我能够有效地抄袭与复制单一网站时，我就会把几个最好的网站融合成一个网站。我会一次又一次地“复制”它，直到我能快速地做出来。接着，我会试着修正矛盾的地方，因为这个设计是从好几个来源处提取出来的。我会把这些矛盾消除，所以它看起来会像一个统一的品牌。然后，我会努力让它看起来更好、运作得更有效率。我一遍又一遍地在这个过程中反复改良。

最终的成果跟我最初复制的源代码，会看起来完全不一样，这就是我自学网页设计与程序设计的方式——通过模仿与反复改良。

在这之后也没有太大的改变。**我还是从其他来源窃取我所有最初的想法。**有时候是从网络上，但主要是从自然、时尚、杂志、图书、建筑、艺术上。如果看到某个东西对项目有用，我会去借鉴。这只是小事。反复改良具体细节，直到它们兼容为止。我会反复改良特定元素，直到它们符合我独特的风格为止。

当这些碎片在我的改良过程中幸存下来之后，它们就不再像我最初所看到的那样——如果你把最终成果跟原始来源拿来比较，你肯定会说："真的吗？它们有关吗？"

## 思考笔记

我常常从哪里获得好想法？

## 14

## 模仿别人，不如讲出自己的故事

大多数艺术家不会认为我的过程是偷窃。并不是每一幅微笑女子的画作都是达·芬奇的仿冒品，也不是每一个网站都是史上第一个网站的复制品。如果你在做类似的事情，使用相同的工具，总会有相似之处。

模仿是把某样东西拿来冒充是你自己的东西。这样不好——但并不是因为这么做太明目张胆，所以不好。**这样做之所以不好，是因为如果你模仿别人做的事，那么你就没法讲出自己的故事。**你的故事是你用来创造的独一无二的镜头，它是让你的工作成为你的作品的东西。

艺术家以不同的素材作为出发点，述说他们自己的故事。**每个人都会受到前人的影响。创作并不存在于真空状态之中。**



当我们有灵感时，我们不必为寻找创作灵感而烦恼。我们的缪斯女神就住在别人的作品里，它可以说是无处不在。以别人的成果为基础，来发展并优化属于你自己的独一无二的故事与特色。

盯着空白的显示屏，然后告诉自己，“现在，创造出一些很棒的东西吧”。这可能是件很恐怖的事。



尤其一开始的时候，我没有因为偷窃而担心自己触犯法律。我是基于教育目的，而去抄袭与模仿的。为了自学复杂的事情，我无耻地去偷。

在我拆解偷来的东西的同时，我也正通过这种方式，学到我所知道的一切——不是经由学校，而是经由模仿与反复改良。

## 思考笔记

我对于模仿别人持怎样的看法？

# 15 享受创造、发明和探索的美妙

创造力是魔法的一部分。然而，更大的部分需要我们去反复改良，直到产生漂亮的成品。

从初稿到最终成品的过程，通常会非常丑陋。需要做很多可怕的草稿，尝试错误的想法或路径，才能让不成功的东西变成好东西。就像拼图盒一样，只有当创意行得通的时候，它才能发挥作用。

我们太把创意偶像化，因为身为创意的消费者，我们只看到最终的成品——它是可能需要耗费几天、几周、几个月或几年才能完成的某样东西的最佳版本。最终的产品包含大量的策划、编辑，以及反复改良，直到它变得真的很棒。

**所有创造型的工作，都包含一个别人永远看不到的过程。**一个好的设计，或是一个抛光过的产品，会让过程看起来显得很容易，尽管实际上需要付出很多辛劳的汗水。写一本书也一样。如果最终的成果是一本读起来精彩流畅、容易阅读的书，那么这本书可能进行了几十次的修订、无数次的编辑，以及大幅度的调整，才能让它有这样的效果。这可能需要花费几个月甚至几年才能完成。



好的成品不像社群媒体上的最新情报——只在一两秒钟内很重要。它们的价值可以持续一辈子（或更长时间）。

**一旦你公开你的作品，它应该让人感觉是合理的**——就像它全部累积起来的样子。我的网页与写作项目，只在它们完成时才会有意义。在它们完成之前，它们可以是疯狂的、肮脏的、混乱的。



才华与天赋通常是反复迭代的。事物在发挥作用之前是不成功的。你不需要一开始就成为专家，你可以边走边学。

创作的过程是艰难且充满挫折的。但是，只有当你把焦点放在最终目标时，“这样行不通”才会变得烦人。当你完成某件事情时，这件事是为别人完成的；但是当你在从事某件事时，这是只为你自己做的。

这个过程就是魔法产生的地方。享受创造、发明、探索的美妙。不要等到结束了才感觉获得奖励，有时候，它可能永远不会发生。劳动就是报酬。

## 思考笔记

我有什么独特的天赋吗？

我想边干边学的事情有哪些？

# 16 尽可能地去创造

对于大多数创作者来说，锲而不舍地完成初稿或原型是很困难的。无论是写作、设计、拍摄或是其他任何事情，都是一样的场景。第一次的尝试不会很糟糕，因为想法还没成形；它之所以糟糕，因为它往往是我们应用到项目中，各种想法与脑力激荡的大杂烩。当中可能会有太多的想法，甚至是没有意义的想法，以及更适合给刚学会走路的孩子执行之类的事情。

在这个阶段，先收起你的编辑角色，只要把想法写下来就好。进行脑力激荡，直到你想不出任何想法为止。

**专注于这个想法，而不是专注于这个想法要如何呈现。**

为了创造出东西，你要尽可能地去创造，即使很糟也没关系。编辑、策划和拓展都可以之后再进行。

我通常会故意把初稿写得很糟糕。这些初稿极为难看，而且有些甚至是我不愿让编辑看到的内容。但我把这些想法写在（虚拟的）纸上，接着继续发展下去——然后，我拥有了一些具体的内容可以塑造成形。

借由专注于这个想法，而不是专注于这个想法要如何呈现，我可以之后再反复改良它，直到它准备好供大众消费。

## 思考笔记

我如何理解想法与改良的关系？

# 17

# 我们没必要和别人比较



我们刚才讨论过为什么创作过程是丑陋的。另外，把我们的作品与其他人的作品拿来比较也是徒劳无功的，因为我们不知道、也看不到他们劳动的全部过程。

最终成果看起来总是很容易，好像没有其他更好的达成方法。但是，你所看见的最终成果，是需要实际的努力才能达成的成果。**你或许永远都看不到这些成果背后的真相**。在获得“明显的”结论之前，成果的主人可能经历过失眠的夜晚，成果也可能经历了108次顺利的反复改良。

比较是困难的，因为我们试图把完整的、有缺陷的自我，拿来跟另一个“完美的”人相提并论。这样做是把我们自己的真实面貌，与他人的幻想版本相比较——但你不能把两个不一样的东西拿来相提并论。即使情况相同，比较又能满足什么目的呢？

享受旅途与丑陋的过程。这是属于你的。别再用任何人或任何事物来衡量你自己，思索一下，有价值的工作对你来说意味着什么。

## 思考笔记

我会用他人的成果来和自己的比较吗？

# 18

# 忠于自己内心的方向

这不是真正的终点，因为创造有意义的工作并非指那些你曾经完成的事情。它是持续不断的——有时必须挣扎，有时却很轻松，但它永远不会结束。没有一位伟大的艺术家会说：“很好，我最后一件作品是史诗级的，就到此为止了。”即使是杰斯（Jay–Z），他也在宣布退休后再度复出（到目前为止已经好几次了）。

选择属于自己的路，可能是你做过最可怕的事情之一，因为到头来，你不得不为结果负责。你不能在做了之后，事情不成功就责怪别人。**无论是失败或成功，完完全全是你的责任**。

这本书就是我所知道的一切（或者至少是我所知值得分享的所有事）。全部都在这里了，我希望你能从中获得一些启发。而且很显然，要阅读我所知道的一切，并不需要花很长的时间。

试着去融入群体，这是我们所能做的最安全的事。但是已经有太多要融入的事了。选择一个独一无二的冒险，这听起来很难也很可怕，到底我们为什么要自找麻烦呢？我们可以保持安全，并且以“正常”的方式、屡试不爽的方式，或者其他人先走过且获得成功的方式去做事就好。

走属于自己的路，代表不带手电筒（或手电筒 App）就走进黑暗中。然而，也没有其他方式，可以让你根据你的价值观去过有意义的生活——因为每个人都有不同的价值观。

你的工作或作品不只与你有关，也与消费它的人有关。找到你自己的价值观与意义，以及跟你的受众愿意买单的相符之处（即你们的交会处），这是一件神奇的事，也可能是需要花一辈子来达成的事。

当然，在路上你也许会害怕。不过，向前走的唯一方式，就是迈出一小步，然后另一小步，再接着另一小步，不断地向前移动，直到它像在走路或跑步。你内心的指南针指向你重视的事物，所以无论失败或成功，忠于你内心的指南针所指的方向，你就永远不会迷失方向。你所创造的作品就是你自己的倒影，所以当它越靠近属于你自己的磁北方，它就更加有意义。

这不是终点，这是起点。借由在新的方向上迈出一步，稳健地在新的道路上向前走。想要坚持你的价值观，你需要不断地确认并重新评估自己在做什么。恐惧永远不会消失，但你可以控制它们，并在恐惧的同时努力做好有意义的工作。

你必须对你带给这个世界的工作或作品负责，所以为什么不把这项工作完成得更出色呢？

## 思考笔记

我敢不敢为自己的选择负责？

我知道自己目前在做什么吗？

# 后记

我意识到我写了很多负面情绪与经验，比如批评、恐惧、失败。



也许这样很不鼓舞人心（让人情绪低落是不合理的）。我之所以用悲观的角度写下我想要写的内容，是因为最后我还带着一丝丝的希望。所以，我的文字总是以克服与胜利的外表来谨慎地包装。

如果，在没有负面情绪的情况下，会发生什么事呢？我并不是要讨论自信最终克服一切考验与磨难，制造一个自大狂的话题（这可能会是另一本书），我是想讨论当你找到你的“最佳状态”，会发生什么事？当你坐在办公桌前工作，缪斯女神真的出现在你的耳边低语时，你会怎么样？

灵感、天赋异禀、启示。不管你怎么称呼它，这个世界（尽管它有很多缺点）有时候会展现出美丽的艺术作品与辉煌的时刻，甚至想想你曾经经历过的那些魔法，无论程度大或小，都会让你起鸡皮疙瘩。

所有人的内心都会不断地战斗，以便创造出一些凭着灵感做出来、令人惊叹的事物。



某些消极的时刻会让人觉得，我们不可能获得所需的开阔空间与注意力创造出辉煌的成就。我们告诉自己，我们做不到，或者我们不够好，然后让所有的批评、恐惧和失败蜂拥而上。它们会消耗掉我们，但有时候它们不会。它们的防御并非没有缝隙，有时我们看到一道光线照射进来，我们可以用尽所有力气，尖叫着朝它跑去，就像一个穿越足球场的裸奔者。



我们如何找到属于自己的天赋？为什么有时候它会

出现，有时候又不出现？这个秘密可不可以装入瓶子里，当成旅行时让人振奋的余兴节目出售？如果可以的话，请帮我报名，我要提供所有的瓶子。



在每次尝试中，我可能不知道如何创造出令人惊艳的作品（没人知道），但是简单来说，我肯定知道那是什么感觉。我做过一些我还不讨厌的写作、音乐以及设计。短暂的瞬间，感到自豪的时刻。那些灵感来临的时刻让我觉得我就是我自己（它不应该看起来像是外来的）。感觉好像我已经抓住了自己真实的声音，我用尽全力抓住它，哪怕只有一秒钟也好。这种感觉有点疯狂，好像缪斯女神总是会试图逃走。



但在那些灵感浮现的时刻，我感觉自己完完全全真实地存在——真实到甚至我只花一百万分之一秒去思考这种感觉，我就会失去它。这种存在感让你没有空去担心什么忧患意识，或同时进行多项思考。

当灵光乍现时，你只有空闲去做由灵光引导的所有事情。一通电话、一个行事历通知，或者关于推特动态消息的杂念，都会让一切中断。因为启示是稍纵即逝的，它就像有别的地方要去一样，一旦你稍微松手，或失去抓住它的力量时，它就会继续移动——直到有人紧紧抓住它。这些人可真是幸运的讨厌鬼。

最有趣的部分是：当缪斯女神屏住呼吸在你耳边低语的时候，在它出现的前一秒，正是所有消极的念头与想法都达到顶峰的时刻。这绝对是你生命中最糟糕的一秒钟，也是你最害怕的时刻。当你坐在键盘前，盯着空白的屏幕，你可能会觉得写作还好；当你拿起吉他，开始思考第一个和弦之前，你可能认为你可以写一首很棒的歌。然后你慌了，呼吸变得更急促。你也许会拿起你的手机，查看 Facebook 上的新讯息，而不是试图克服恐惧。

这是成败的关键时刻——问题是，即使你开始，并成为灵感在那一秒钟的传递者，也不能保证任何事情。你可以开始工作，不过电光火石可能不会出现。但这只是一个数字游戏，只有当你从事更多的工作，你完成非凡的工作的概率才会增加。坚持下去，你也许能做出很棒且受到灵感启发的工作。但假如在那一刻，你选择一条轻松的路，也就是阻力最小的路，会走回相同的、老套乏味的地方的路，那么你就错过了你的机会。你回来盯着网络上的猫或名人的照片，做出精彩的工作的可能性就直接归零。这件事又变回白日梦，变回某件未来……明天再来努力的事。

反复地鼓起勇气，或坚定地去从事工作，可以磨灭你的抗拒。如果你每天例行性地做某些事情，你的恐惧就会减少——不会完全，甚至不会非常多，但足以自我察觉。那些恐惧讨厌被忽视。它们会变得厌烦，甚至让你觉得无聊。这正是为什么通常写一本书的中间部分，比写第一页更容易；完成一幅画作的最后一笔，比第一笔更容易；进行第三十二场巡回表演，比第一场巡回表演更容易。

注意力是你送给自己的工作礼物。投入越多的注意力，恐惧能霸占的空间就越小。

注意力不只是为了避免罹患精神官能症，它更代表你完全在场，并且准备好发挥你的才能。这代表着你可以开始工作。如果缪斯女神很健谈，那么你的作品可能会变得很精彩。

天赋也许此时此刻正在试图联络你。你听到了吗？还是你正忙着更新推特呢？

# 谢辞

感谢我的妻子丽莎，谢谢她一直忍受一个内向、坚韧和神经质的丈夫。感谢雪瑞·汉森（Cheri Hanson）善于使用文字，帮助我把书稿组织起来。感谢马克·约翰斯（Marc Johns）能够创造出美丽的艺术。感谢贾斯汀·马斯克（Justine Musk）精彩、鼓舞人心的前言。感谢其他曾经指导、协助、批评，以及鞭策我的人，你们帮助我完成了这本书。

感谢你，本书的读者。